D1603761

Gloria Husmann / Graciela Chiale

VIDAS SOMETIDAS

Claves para superar la trampa
de los manipuladores

Del Nuevo Extremo

Husmann, Gloria
    Vidas sometidas / Gloria Husmann y Graciela Elba Chiale ; coordinado
por Tomás Lambré. - 1a ed. - Buenos Aires : Del Nuevo Extremo, 2009.
184 p. ; 23x15 cm.

ISBN 978-987-609-191-6

1. Psicología. I. Chiale , Graciela Elba II. Lambré, Tomás, coord.
III. Título
CDD 150

© 2009, Gloria Husmann, Graciela Chiale

© de la presente edición 2009, Editorial del Nuevo Extremo S.A.
A. J. Carranza 1852 (C1414COV) Buenos Aires Argentina
Tel / Fax (54 11) 4773-3228
e-mail: editorial@delnuevoextremo.com
www.delnuevoextremo.com

Director editorial: Miguel Lambré
Coordinador de edición: Tomás Lambré
Imagen editorial: Marta Cánovas
Corrección: Mónica Ploese
Diseño de tapa: Sergio Manela
Diseño interior: m&s estudio

Primera impresión: noviembre 2009

ISBN 978-987-609-191-6

A la memoria de Kuqui
GLORIA

Para Pilar y Benjamín
LA ABUE GRA

AGRADECEMOS ESPECIALMENTE:

A todos aquellos que prestaron generosamente sus testimonios, muchas veces dolorosos, con el único objetivo de contribuir a que otros tomen conciencia;

a nuestras familias, por apoyarnos y soportar nuestros largos retiros con fines literarios;

a nuestros nietos, porque sin ellos... ¡¿para qué?!;

a los amigos que aportan su entusiasmo y manifiestan su orgullo;

a la gente de la editorial, por el permanente estímulo a nuestro trabajo.

Una vez más, gracias a los concurrentes del grupo "Por el Placer de Pensar", que confirman que con ellos, "pensar es un placer".

ÍNDICE

PRÓLOGO

Las licenciadas Gloria Husmann y Graciela Chiale llegaron a la editorial, hace apenas un año, para dejar el manuscrito de su primer libro, que finalmente titulamos *La trampa de los manipuladores* y sobre el que, curiosamente, todos los que tuvimos la oportunidad de hacer su primera lectura coincidimos: nos gustó.

Pero ¿en qué consistió ese "gustar"? En que todos, de una manera o de varias, nos vimos (¡y vimos a unos cuantos personajes de nuestra convivencia diaria!) reflejados en esos modelos, en esas historias, en esas complejas formas de relacionamiento que, muchas veces, vamos arrastrando sin saber de qué manera o por qué razón hemos forjado.

Cuando las invitamos a la editorial para confirmarles que queríamos publicar su libro y tuvimos la oportunidad de conocerlas mejor, volvimos a coincidir: las autoras no sólo tenían algo muy importante que decir, sino también una forma muy sencilla y clara de exponerlo, que respondía al fruto de un extenso trabajo personal y social que lo avalaba.

El círculo se cerró cuando vimos que el libro requirió cuatro ediciones en apenas seis meses. ¡No sólo era un acierto editorial, sino una necesidad social a la que corría como el agua hacia la tierra seca!

Eso me llevó a preguntarme qué hace que un libro, que con tanta claridad define estos modelos de comportamiento —el manipulador y el manipulado—, sea tan solicitado.

Explorando en mi experiencia personal, puedo decir que a mí me permitió hacer importantes descubrimientos sobre las causas y consecuencias que pueden tener esos dos caracteres, cuya aceptación social suele funcionar como una dura carga al momento de decidirnos a cambiar.

Comprendí que el "así están las cosas" o el famoso "es lo que hay", que hemos popularizado en los últimos tiempos, son un filo de navaja que nos pueden llevar al estancamiento en lo personal, en lo familiar y en lo social, y que hace falta un enorme esfuerzo para romper con la inercia de la vida sometida.

Me permitió también darme cuenta de lo difícil que es ver esos comportamientos en uno mismo y en los más cercanos; las cosas que hacemos para permitir y generar determinadas situaciones —en las que a veces somos víctimas y a veces victimarios—; las creencias que formamos con lo que nos duele o nos lastima; con los mandatos familiares y las opiniones de los demás; los argumentos que usamos para esconder lo que nos pasa y el inmenso valor que necesitamos para lograr un verdadero cambio de actitud.

También vi que este libro me permitía empezar a develar esas cosas que solemos tener guardadas o "encajonadas", escondidas tras las obligaciones cotidianas, las creencias aprendidas o, aun peor, ocultas como "bombas de tiempo" en nuestro propio cuerpo.

En pocas palabras, creo que las autoras todavía tienen mucho que decir sobre el tema y, de hecho, con esta segunda entrega, así lo han demostrado.

Vidas sometidas contiene nuevas claves, nuevos casos, nuevas formas de ayuda tanto para descubrir e identificar a los manipuladores, como para detectar los permisos que los manipulados les conceden, un paso inevitable para descubrir sus trampas, recuperar la autoestima y recobrar la tan ansiada libertad.

MÓNICA PIACENTINI
Buenos Aires, 22 de febrero de 2009

INTRODUCCIÓN

Al igual que el anterior, este libro no tiene intención académica alguna, sino que está dirigido al público en general. Comenzamos a escribirlo en una situación paradojal: por un lado, en pleno lanzamiento de *La trampa de los manipuladores*, con la conmoción que nos provocó el alto grado de aceptación con que fue recibido. Por otro lado, ha sido "parido" por el dolor de situaciones traumáticas en un momento específico y coincidente en la vida de cada una de nosotras.

Su comienzo fue vivido como una vía de afrontamiento de una realidad contrastante, exitosa y dolorosa. Una vez iniciado, nos dimos cuenta de que hacerlo había sido una decisión acertada, dado que el dolor inicial fue transformándose en satisfacción. Una extraña alquimia entre reflexión, deseos de escribir y necesidad de ayudar promueve nuestra tarea.

En una lectura posdatada de nuestro libro anterior, y frente a las preguntas que nos hicieron en los medios y en los muchos *e-mails* que recibimos de los lectores, advertimos que aún faltaban cosas por decir. Sentimos una necesidad casi fisiológica de hacerlo. Nos propusimos un cambio de enfoque: en lugar de describir las características de los manipuladores, nos centramos esta vez en el análisis de las personas vulnerables a ser manipuladas. Nos planteamos los siguientes interrogantes, con la intención de promover la reflexión sobre el tema.

Ante una relación manipuladora, ¿cuál es el rol que juegan las víctimas?

¿Por qué son vulnerables? ¿Por qué soportan el maltrato?

¿Por qué les cuesta tanto decir "basta"?

¿Cuáles son los pretextos que esgrimen al no poder romper con una relación enferma?

¿Cuál es la influencia que ejerce la baja autoestima en la vulnerabilidad de la víctima?

¿Cuáles son las alternativas que tiene la persona manipulada?

¿Cuáles son los cambios que deben operarse para modificar la situación de dominación?

¿Es posible cambiar? ¿Es posible migrar? ¿Cómo lograrlo?

Nuestra intención es poder ayudar a las personas vulnerables, no sólo a darse cuenta de su verdadera situación, sino de su corresponsabilidad en el mantenimiento del vínculo. Pero no señalamos una corresponsabilidad desde una idea acusatoria, sino "descubritoria". **Sólo después de descubierta su corresponsabilidad, la víctima puede trabajar para abandonar ese rol.**

El mensaje que deseamos dejar es: no importa lo que nos pase, debemos aprender a afrontar tanto las experiencias positivas como las negativas. La vida nos pone a prueba constantemente y es posible salir de esas situaciones fortalecidos por la experiencia.

En realidad, **no importa tanto lo que nos pasa, sino lo que nosotros hacemos con eso que nos pasa.**

Metodología utilizada

Este trabajo está basado en una investigación exploratoria en la que se han utilizado dos técnicas cualitativas para obtener datos: la observación y las entrevistas a informantes clave. La primera es una forma natural de obtener información. Para algunos, la ciencia comienza por la observación y aunque otros la cuestionen, ¿quién puede abstenerse de observar?

Para nosotras, ávidas observadoras, nadie puede poner en duda la eficacia de la observación, sobre todo si se complementa con entrevistas para cubrir los vacíos de conocimiento que deja. Por consiguiente, se trabajó con una muestra significativa compuesta por informantes clave.

En este libro, notará el lector que se describen más casos de relaciones de manipulación en la pareja y más precisamente de hombres hacia mujeres. Esto **no** se debe a una distorsión en la selección de la muestra, sino a que en la realidad se da más este tipo de manipulación que otra.

Dejando de lado las cuestiones metodológicas, queremos hacer una aclaración: los casos descriptos son reales. Sus protagonistas, a quienes agradecemos profundamente, nos otorgaron su confianza y consentimiento para publicar sus experiencias. De todos modos, se han cambiado nombres, profesiones y algunos lugares para preservar su identidad.

Si existiera similitud con otros casos, no sólo se debería a la mera casualidad, sino a que la selección de la muestra ha sido acertada en cuanto a su representatividad.

CAPÍTULO I

¿Que alternativas tiene una persona manipulada?

> "Podemos imaginarlo todo, predecirlo todo,
> salvo hasta dónde podemos hundirnos".
> EMIL MICHEL CIORAN

Como en toda especie viviente, cuando se enfrenta a un problema o situación de desequilibrio, el ser humano tiene tres alternativas: **se adapta, migra o muere**. La manipulación como problema a enfrentar, no puede estar excluida de estas opciones.

Veamos por separado dichas alternativas:

A- ADAPTARSE A UNA RELACIÓN MANIPULADORA

Tanto en las entrevistas que nos hicieron en los diferentes medios de comunicación, como en las reuniones del grupo de reflexión[1] que coordinamos, nos han preguntado muchas veces si es posible sostener con éxito una relación con una persona manipuladora. En definitiva, si es posible adaptarse. Veamos si podemos aclarar este punto tan importante.

Lo primero que debe entender una persona que trate de adaptarse a convivir con otra que la manipula, es que esto significa un

---

1. El grupo de reflexión "Por el Placer de Pensar" es coordinado por las autoras, www.porelplacerdepensar.com.ar

enorme gasto de energía psíquica. En esta tarea no es posible bajar la guardia nunca, porque el manipulador sacará provecho de ello. Cada uno deberá evaluar sus recursos y la situación en la que se encuentra.

"Acaba uno por agotarse y siente que esa inagotable fantasía se agota con el esfuerzo constante por avivarla".

F. DOSTOIEVSKI

¿Qué es adaptación? "Acomodación o ajuste de una cosa a otra"; "adquisición de lo necesario para acomodarse mental y físicamente a diversas circunstancias"; "modificación armoniosa de la conducta respecto de las condiciones del medio"; "ajuste de los sentidos al nivel de estimulación que reciben", etc.

También, adaptación es un proceso madurativo necesario que debe diferenciarse de la sobreadaptación. El uso reiterado de conductas impuestas para sobrellevar la convivencia o la relación con un manipulador, es casi siempre una forma de sobreadaptación. La cronificación de estas conductas afecta psíquica y físicamente.

Muchos conocemos el famoso cuento de la rana sometida a un experimento, que no por muy trillado deja de ser ejemplificador. Para los que no lo conocen diremos que si a una rana se la arrojara en un recipiente con agua hirviendo, rápidamente saltaría fuera de él sin mayores consecuencias para el animalito. En cambio, si el recipiente contuviera agua a temperatura ambiente y la llama de la hornalla se encontrara encendida incrementando gradualmente la temperatura del agua, la rana no se daría cuenta y moriría inexorablemente. **El acostumbramiento puede ser muy peligroso.**

Aquí podríamos decir que cualquier similitud con la manipulación es mera coincidencia, pero la verdad es que si lo hiciéramos, mentiríamos. Por tratarse de un tipo de violencia solapada es muy difícil darse cuenta de lo que pasa y aun dándose cuenta, es igual de difícil operar los cambios necesarios que permitan salir de esa situación.

Veamos un ejemplo.

Milagros y Dolores eran dos hermanas "muy unidas", al decir de la gente de su entorno. Sus padres, inmigrantes españoles, habían llegado a Buenos Aires huyendo de la Guerra Civil. Habiendo perdido en la contienda a muchos de sus seres queridos separados y enfrentados por las ideas, fue reparador para ellos el mandato de unión que inculcaron a sus hijas.

Con el paso de los años, Milagros, dos años mayor que su hermana, se casó con alguien que según sus padres, era un "muy buen partido". Dolores, por su parte, cultivaba un perfil más bajo, o más exactamente, cumplía con las expectativas que sus padres habían fijado para ella: ser "la segunda" de sus hijas. Los padres, de una manera inconsciente, habían determinado que Milagros tendría un futuro próspero y Dolores, uno más sacrificado.

Ambas habían logrado formar una familia, aunque de manera diferente.

Milagros estaba casada con un ingeniero civil con un muy buen trabajo en relación de dependencia; el matrimonio tenía dos hijas, una casa grande y una empleada doméstica. Su posición económica le había permitido hacer varios viajes al exterior y eso la investía de cierta autoridad al hablar. En las reuniones familiares utilizaba vanidosamente una seudosabiduría: "Yo que estuve allí te lo puedo decir…". "Vos no te imaginás lo que es estar en…". "No hay que hablar de lo que no se conoce".

Dolores, en cambio, se había casado con el "Negro", un muchacho de barrio que trabajaba de operario. Al casarse, fueron a vivir a casa de los padres de ella. Esto, si bien representaba una ventaja económica por el ahorro del alquiler de una vivienda, sólo era un aspecto de la decisión. Dolores había insistido en permanecer viviendo en su casa de soltera, porque sus padres ya estaban mayores y ella sentía que debía cuidarlos. Dolores no sólo asistía a sus padres sino que, además, era servicial con su hermana. No contando con la ayuda de nadie, estaba muy ocupada atendiendo a su marido, a su hijo y por supuesto a sus padres. A pesar de eso, Milagros se abusaba y la utilizaba de "valet personal".

Años después, el marido de Dolores empezó a trabajar en forma independiente, montó una pequeña empresa que se desarrollaría con el tiempo.

Al mismo tiempo, Juan, el esposo de Milagros, comenzó a tener problemas laborales. Primero cerró la empresa para la que trabajaba y luego intentó abrirse camino de forma independiente. No pudo.

Paradójicamente, la situación económica de Dolores empezó a ser mejor que la de su hermana. El "Negro" comenzó a ser conocido y valorado en el medio, lo que le permitió consolidar la empresa que había fundado.

Juan terminó trabajando nuevamente en relación de dependencia, sólo que esta vez fue en la empresa del "Negro". A pesar de que el ofrecimiento había sido hecho de manera sincera y con ánimo de ayudar, Milagros vivía la situación como una injusticia de la vida.

Dolores disimulaba los desplantes y comentarios insidiosos de su hermana frente a quien la quisiera escuchar. Milagros solía decir:

"Este país está dado vuelta, ¿dónde se ha visto que un ingeniero trabaje para alguien que no terminó la escuela?".

Dolores, por su parte, no aceptaba que su marido y su hijo le señalaran la ingratitud de su hermana. Sufría en silencio y justificaba lo injustificable. Vivió toda su vida adaptada al vínculo disfuncional con Milagros. Incluso sintiéndose culpable por haber alcanzado el bienestar que creía que le correspondía a su hermana.[2] Nunca pudo viajar, cada vez que tenía la oportunidad de hacerlo, se enfermaba y el viaje se cancelaba.

Algunas personas sobreadaptadas confunden el asumir responsabilidades con actos "excesivos". Su autoexigencia se pone al servicio de mandatos que consideran ineludibles. Son personas que se postergan emocionalmente con el fin de ser aceptadas y queridas por los demás. Muchas veces, sus sentimientos sólo logran expresarse mediante la "protesta somática".

De víctima a victimario

A veces, llevando a cabo lo que Freud menciona como "hacer activo lo sufrido pasivamente", las víctimas se convierten en victimarias. En una serie de la televisión abierta de la Argentina, *Mujeres asesinas*, basada en hechos reales, puede verse que en la mayoría de los casos de asesinatos, éstos se producen como respuesta reactiva al maltrato recibido. Las víctimas se transforman en victimarias de sus victimarios como consecuencia de la acumulación de tensión guardada durante mucho tiempo. Esto ocurre sin que la

2. La sobreadaptación puede estar signada por mandatos familiares: "la bonita", "la otra", "la pequeña", "el inteligente", "la desordenada", etc.

víctima primaria perciba que, en realidad, nuevamente se victimiza, esta vez como consecuencia de su propio comportamiento. Si bien éstos son casos extremos, sirven para ejemplificar el resultado de la ira reactiva.

Otras veces, las víctimas eligen a su vez a sus propias víctimas, a las que maltratan de la misma forma en que ellas son maltratadas. La vulnerabilidad y el sometimiento las impulsan a desnaturalizar su conducta. En ese momento, inconscientemente, descargan su ira contenida en otra persona, a la que perciben como más vulnerable o que se encuentra en una situación desfavorable. Es el caso de las personas manipuladas y maltratadas, por ejemplo en su trabajo, que se desahogan cuando llegan a su casa.

Esther estaba divorciada y trabajaba para mantener a su hija adolescente, quería "darle la oportunidad que yo no tuve". Soportaba maltratos tanto en la oficina en la que trabajaba, como por parte de algunos de sus amigos. Un día, una amiga psicóloga que había ido a visitarla le hizo un comentario que le sirvió a Esther para reflexionar sobre algunas situaciones en la relación con su hija. La psicóloga había notado que Esther aprovechaba pequeños momentos para desquitarse impidiendo a su hija cumplir con algún deseo. Ejercía, sin darse cuenta, una suerte de "microvenganzas" sobre su hija, a la que, por otra parte, amaba. Por ejemplo, la mandaba a hacer un trámite en el momento en que sabía que ella veía un teleteatro.

Esther se defendió diciendo: "Yo me mato trabajando y aguantando de todo para que a ella no le falte nada, no me digas que no tengo derecho de mandarla a hacer un trámite".

La amiga psicóloga le hizo una sola pregunta: "¿Es necesario que sea a la hora de la novela?".

Si bien Esther no respondió a la pregunta, desde ese momento cambió su actitud.

B- Migrar de una relación manipuladora

La migración no se da por generación espontánea; los seres humanos no contamos con la reacción instintiva que tienen los animales frente al peligro de un depredador. Si bien pueden darse casos en los que la necesidad de migrar se presente como una revelación, esto no es lo habitual. El acostumbramiento anestesia la reacción y se repiten conductas, aun cuando se tuviera el propósito de no hacerlo.

Nuestra investigación sobre el tema ha puesto en evidencia que la mayoría de las personas que pudieron "migrar" de una interacción manipuladora, lo lograron luego de la intervención de un facilitador externo: un tratamiento terapéutico acertado, la concurrencia a un grupo de autoayuda, etc. Más adelante presentaremos algunos ejemplos de migración.

Siempre es recomendable migrar de una relación manipuladora, pero esto a veces no es viable; hay personas de las que no es posible alejarse físicamente. Sin embargo, en relaciones manipuladoras, migrar NO implica exclusivamente el alejamiento físico. En los casos en los que la migración física se vea imposibilitada, al menos transitoriamente, se debe tener presente que existe la posibilidad de migrar interiormente. **¿Cómo?** Apartándose íntimamente del lugar en el que confrontaba con el manipulador: **el campo de batalla.**

Por supuesto que esto no es fácil, pero es necesario alejarse hacia una mayor distancia emocional interior, logrando así quedar fuera del radio de alcance de sus ataques. **Somos con seguridad los rescatadores de nuestro propio "yo" secuestrado.**

¿Cómo lograrlo? En este aspecto no hay recetas "magistrales", cada individuo sabrá cuál es la alquimia que más se adecua a la situación. Sin perder de vista la toxicidad de este tipo de vínculos, se pueden utilizar distintas estrategias.[3] Incluso a veces es necesario "pagar el rescate" para vivir en paz. Un ejemplo de pago de rescate se pone en evidencia en el caso Javier de nuestro libro oportunamente mencionado.

Veamos un caso en el que fue posible "migrar".

Irene era una mujer de cuarenta y cinco años, casada con un abogado de su misma edad. Mantenía con su marido una relación que no podía ser considerada armoniosa. Las discusiones eran frecuentes, y si bien nunca habían llegado a la agresión física, generalmente terminaban con amenazas. Varias veces habían intentado infructuosamente hacer terapia de pareja. Irene sabía que si se separaba, saldría perdiendo económicamente, porque su marido había tenido la precaución de poner algunas propiedades que poseían a nombre de testaferros "amigos".

Un día se despertó con un extraño dolor de garganta. Mujer sana, nunca había tenido más que las enfermedades propias de la infancia. ¿Qué era entonces esa sensación de tener una pelota dentro de su garganta que crecía minuto a minuto? Mientras observaba dormir a su marido, esa mezcla de dolor y ahogo tomó sentido. La verdad se le reveló como inexorable: "No había dinero en el mundo

3. Estas estrategias están desarrolladas en la página 99 del libro *La trampa de los manipuladores*, de la Editorial Del Nuevo Extremo.

que compensara esa angustia que cerraba mi garganta". Tomó el teléfono y le dijo a una amiga: "Ya sé lo que me pasa, no puedo pasar un solo día más aquí. Voy para tu casa, ayudame a buscar un departamento".

Sólo quien haya pasado por una situación semejante puede comprender esa urgencia. Esa telaraña oscura que atrapa los vínculos enfermos se desgarra sólo por un momento. Si esa ocasión no es aprovechada, el entramado vuelve a cerrase y la oportunidad se habrá perdido.

"Cuatro cosas hay que nunca vuelven más: una bala disparada, una palabra hablada, un tiempo pasado y **una ocasión desaprovechada**".

ANTIGUO PROVERBIO

Otras veces, la situación es más compleja y requiere una estrategia que acompañe el proceso interno de tomar la decisión. Son muchos los factores que entran en juego a la hora de migrar de un vínculo enfermo, sin embargo en la relación costo-beneficio, la salud física y psíquica debe ser ponderada porque es fundamental.

Uno de los aspectos que mejor aprovechan los manipuladores para que la víctima no se les escape, es la dependencia económica. En ese caso, es recomendable que la víctima busque primero su independencia económica para luego poder independizarse del manipulador. Pero a veces no es posible tomar ese recaudo, porque no hay tiempo que perder. Se debe emprender la retirada por tratarse de una "huida hacia la salud", más que de una "migración".

Como ejemplo, mencionaremos el siguiente caso:

Natalia era una joven analista de sistemas que convivía con un hombre veinte años mayor que ella, adinerado y con mucho poder. Se habían conocido en la empresa en la que Natalia trabajaba y de la que él era el asesor financiero externo. Al principio ella estaba deslumbrada: "De Eduardo me sedujo el conjunto"; "... se lo veía con mucho carácter, muy hábil para los negocios"; "... me fascinaba cómo se vestía, el perfume que usaba, la determinación que tenía para tratar con la gente de la empresa".

Cuando comenzaron la convivencia, ella dejó de trabajar. Eduardo quería que al llegar a su casa ella estuviera: "Descansada, arreglada y esperándolo ansiosamente".

Ella aceptó dejar de trabajar: "Un poco por comodidad y otro poco por exigencias de él". Obviamente y sin ser del todo consciente de ello, cayó en la trampa.

Eduardo por su parte decía: "En toda relación hay siempre una transacción implícita"; "... con Natalia me siento tan joven como ella" "... yo pongo la guita[4] y ella su juventud..., la nuestra es una pareja que funciona". También le decía a quien quisiera escucharlo: "La primera vez que salí con Natalia, tuve que comprarle primero un vestido y un par de zapatos porque me daba vergüenza que alguien me viera con una mina[5] con esa ropa". "Nati ahora tiene el placard lleno". Cabe aclarar que según quienes los conocían de antes, Natalia vestía en ese entonces sin lujos pero decorosamente. En realidad, y parafraseando a Joaquín Sabina: Eduardo "era tan pobre que tenía sólo dinero".

Tuvieron un hijo, al cual ambos malcriaban y colmaban de comodidades y caprichos. Esto dificultó el divorcio cuando Natalia así lo

4. "Guita", en lunfardo argentino significa 'dinero'.
5. "Mina", en lunfardo argentino significa 'mujer', pero en tono peyorativo.

decidió. La separación fue muy conflictiva y llevó mucho tiempo y peleas. El hijo se trasformó en un trofeo de guerra. Eduardo se negaba a pasar una adecuada cuota alimentaria para el niño, pero lo llevaba a Disneyworld de vacaciones.

No obstante, Natalia pudo salir adelante. Logró separase, aunque no consiguió trabajo en relación de dependencia, porque él le bloqueaba toda posibilidad en las empresas en las que tenía conocidos. Finalmente, con ayuda de su familia, pudo comenzar con un microemprendimiento que le dio su tan deseada independencia económica. A los manipuladores, les cuesta mucho soltar la presa.

C- Cuando el manipulado se enferma y "muere"

Como en el ejemplo del experimento de la rana, un manipulado puede perecer en el intento de convivencia con un manipulador. Son muchas las investigaciones en las que se concluye que la enfermedad se presenta como resultado de estar sometido a situaciones de estrés por un tiempo muy prolongado.

Como ya señalamos en *La trampa de los manipuladores*: "El estrés produce cambios químicos en el cuerpo y puede provenir de cualquier situación o pensamiento que haga sentir a la persona temerosa, frustrada, furiosa o ansiosa. Estas reacciones no son dañinas a corto plazo, pero cuando la situación persiste en el tiempo resulta nociva para la salud, debido a que el cuerpo permanece en un estado constante de alerta. Ese estado aumenta la tasa de desgaste fisiológico que lleva a la fatiga y/o al daño físico. Entonces, la capacidad del cuerpo para recuperarse y defenderse se ve seriamente comprometida. Éste es el momento en el cual probablemente comience a manifestarse una amplia gama de trastornos psicosomáticos".

"Es posible que uno ignore los mensajes del cuerpo, o incluso que se ría de ellos, pero, en cualquier caso, merece la pena prestar atención a su rebelión; porque su lenguaje es la expresión auténtica de nuestro verdadero yo y la fuerza de nuestra vitalidad".

ALICE MILLER

En una oportunidad, Aída, una médica de 34 años, redactaba un informe relacionado con una investigación acerca de enfermedades autoinmunes. Quiso escribir: "El cuerpo se enferma y muere" y escribió: "El cuerpo se esfuerza y muere". La experiencia adquirida en un año y medio de terapia impidió que pasara por alto este acto fallido. En la siguiente sesión su terapeuta le preguntó: "¿Cuál es el esfuerzo que te puede llevar a la muerte…? No son la investigación, ni las guardias, buscá dónde pusiste el 'esfuerzo mortal'"… Recién en ese momento, la angustia se manifestó asociada a su relación de pareja. Hacía tres años que mantenía una difícil y oculta relación afectiva con un colega, que además era su jefe. Ignacio estaba casado, pero le aseguraba que en corto tiempo tomaría la decisión de separase y formalizar con ella. En oportunidades, Aída, por su situación laboral, se veía obligada a asistir a reuniones sociales en las que también estaba la esposa de Ignacio. Era grande el padecimiento cuando registraba los gestos cariñosos que Ignacio le daba a su esposa. Cuando intentaba hacer algún reclamo al respecto, él respondía descalificándola en la comprensión de la situación. Alegaba que "era sólo una pantalla frente a los colegas" y para evitar que su esposa sospechara de la existencia de otra mujer y así pusiera trabas a la futura separación. En realidad, Aída se esforzaba por creerle, recurría a toda su racionalidad para forzar justificativos. Con el pensamiento podía mentirse, pero el cuerpo no admite engaños. Al poco tiempo, Aída enfermó de un linfoma y a pesar de lo auspicioso del pronóstico, el tratamiento en ella no dio resultado.

Hay que estar atentos a las señales, porque a veces la negación o la omnipotencia nos juegan malas pasadas.

No existe sólo la muerte física; son varias las formas en que se expresa ese "suprimirse" para abandonar la escena y dejar el poder en otras manos. Generalmente esta maniobra no es detectada por el propio protagonista y, de registrarla, probablemente piense que no podía hacer otra cosa o, lo que es peor aún, que **eso** es lo que se merece.

Corría el año 1956 y Buenos Aires atravesaba, impotente, una nueva epidemia de poliomielitis. Mabel y Nelly contaban, en ese entonces, seis y cuatro años respectivamente.

Una mañana, cuando Mabel creía que la despertaban para ir al colegio, fue trasladada sorpresivamente por su padre a "pasar unas vacaciones" en el campo, en casa de sus abuelos paternos. Hacía tiempo que no los veía y Mabel no comprendía por qué iba sin su hermana ni por qué la dejaban allí.

Poco a poco, le fueron informando que Nelly estaba enferma y que ella debería quedarse un tiempo con sus abuelos ya que podría contagiarse. Extrañaba mucho, quería ver a su mamá y a su hermana, volver al colegio, pero no decía nada, no protestaba. Sólo de noche y cuando estaba segura de que sus abuelos dormían, lloraba tratando de no hacer ruido y "enroscada como un perrito".

No recuerda cuánto tiempo pasó hasta poder volver a su casa: "A mí me pareció una vida", sostiene aún. Al volver, encontró a Nelly muy delgada y "con unos fierros grandes y plateados en su pierna izquierda". "Me quedé en la puerta y me daba miedo acercarme, pero mi mamá me dijo que jugara con ella". Como Nelly tenía dificultades para trasladarse, Mabel se convirtió en su asistente personal: "Nunca me molestó... Yo podía y ella no".

Uno de los juegos favoritos de las hermanas, quizás porque no necesitaba desplazamiento, era dibujar. El paso casi obligado fue la pintura. Sus padres, al ver el entusiasmo de las hermanas, contrataron a una profesora con la que tomaron clases, primero en casa y luego en su atelier. Ambas eran decididas y talentosas, y rápidamente comenzaron a participar de muestras pictóricas, en las que recibieron no pocos premios.

Ya en la adolescencia, la secuela que Nelly tenía en su pierna se había convertido en una "particular manera de caminar", que no le impedía tener un séquito de admiradores. En realidad, eran hermosas mujeres ambas, pero Mabel tenía un carácter más introvertido, razón por la cual no se destacaba tanto. Siempre estaba atenta a las necesidades de su hermana antes que a las propias.

La crisis sobrevino cuando decidieron tomar clases con un prestigioso pintor. Éste, luego de observar los trabajos de ambas, señaló que siendo las dos muy buenas, se destacaba el talento de Mabel. A partir de ese momento, la relación entre las hermanas cambió; Nelly se puso más demandante y exigente con Mabel, quien se desvivía por complacerla. El momento más álgido entre ambas se produjo cuando surgió la posibilidad de una beca en Francia y el profesor propuso a Mabel.

Nelly no lloró ni gritó, sólo le dijo a su hermana que la vida siempre había sido fácil para ella, que todo el mundo creía que Mabel era buena y solidaria, pero que en realidad, durante toda la vida había querido destruirla: "Creés que no sé que siempre me envidiaste, te hacés la buena, pero fuiste vos la que me enfermaste… Yo no iba al colegio, vos trajiste la enfermedad y me lo hiciste propósito… Siempre querés destacarte a costa mía… y ahora me hacés esto". Por absurda que suene la acusación, surtió efecto. Mabel no viajó y Nelly convenció al profesor de que la recomendara a ella. Talento no le faltaba y con el tiempo pudo ir ganado un lugar de prestigio en el mundo de la pintura. Mabel "se suicidó artísticamente" al no pintar nunca más. Quizás hasta podríamos hablar de una muerte civil o social, ya que pasó a ser sólo la hermana de…

- Una persona manipulada tiene sólo tres alternativas: **se adapta, migra o muere**.

- Al no contar, como los animales, con una reacción instintiva frente al peligro, es necesario estar atentos para no ser sorprendidos.

- El primer paso consiste en darse cuenta de la disfuncionalidad de la relación.

- Es esencial evaluar los recursos psíquicos con los que se cuenta.

- Evaluar los costos emocionales teniendo en cuenta que a veces es necesario "pagar el propio rescate" para vivir en paz.

- Si siente que no tiene los recursos necesarios para lograrlo, es recomendable buscar la intervención de un facilitador externo.

- Se debe aprender a diferenciar adaptación de sobreadaptación.

- Tratar de adaptarse a convivir con un manipulador implica un **enorme gasto de energía psíquica**.

- Es importante tener en cuenta que no es posible bajar la guardia **nunca**.

- Es necesario entender que en la permanencia sostenida del vínculo patológico, la salud física y psíquica está en riesgo.

- Es ineludible aceptar la dificultad que existe para operar los cambios que permitan modificar esta situación.

- Prestar especial atención a no actuar la ira reactiva.

- Cuidarse de no descargar la frustración en otra persona más desvalida o en inferioridad de condiciones.

- Cuando la migración física no es posible, aún se puede trabajar en la posibilidad de migrar interiormente.

- ¿Cómo? Apartándose íntimamente del campo de batalla.

- El acostumbramiento puede ser muy peligroso.

- Si se presenta la oportunidad de migrar, no hay que desaprovecharla.

Características de los manipuladores

"Una vez más debemos recordar que
la visión del alienador **es conmigo o contra mí**;
las deslealtades o tan siquiera las flaquezas
se pagan duramente".
JOSÉ MANUEL AGUILAR

Cuando hablamos de "manipulación" nos referimos al hecho de que una persona doblegue la voluntad de otra en beneficio propio.

Es importante tener presente que todos, en algún momento de nuestras vidas, podemos utilizar estrategias de manipulación. Pero si ésta se convierte en el patrón fijo o predominante de las relaciones afectivas, la situación se torna peligrosa. Se convierte en un abuso interpersonal.

Los manipuladores a los que nos referimos son los que irrumpen en la realidad de las personas, tratando de imponer su propia visión de la vida y pretendiendo determinar lo que dichas personas deben percibir, sentir y actuar. Se valen del vínculo afectivo para la satisfacción de sus propias necesidades, sin tener en cuenta las de los otros.

La manipulación comienza, muchas veces, de una manera sutil, gradual, casi imperceptible, en la que los manipuladores intentan imponer su deseo. Cuando este estilo resulta insuficiente, recurren a la descalificación, la culpa, la vergüenza y el miedo como principales instrumentos para la dominación. El silencio, la distorsión o la negación de una comunicación directa son, quizás, los instrumentos de aniquilamiento más y mejor "cultivados" por los manipuladores.

Las víctimas, forzadas a este tipo de comunicación, se ven obligadas a reclamar respuestas o aclaraciones, exponiendo así sus flancos vulnerables, lo que es rápidamente aprovechado por los manipuladores para imponerse. La agresión encubierta está contenida en su conducta y es la vía regia para la manipulación interpersonal. Se produce, entonces, una maniobra que requiere una tarea de doble dirección: por un lado, evitar cualquier demostración directa de la agresión y, simultáneamente, intimidar a los otros para conseguir lo que quiere. Esto los lleva, en principio, al uso de elementos psicológicos ambiguos, pero cuando éstos fracasan, pueden implementar métodos cada vez más sofisticados y/o agresivos, y llegar incluso al uso de la violencia física.

Detrás de un manipulador siempre se esconde un gran inseguro. Es desde su inseguridad que adquiere confianza cuando logra minimizar a los otros. Los reduce casi a la categoría de objetos. Al carecer de empatía, si bien se preocupa por sus vínculos afectivos, lo hace sin tener en cuenta la autonomía, deseos y necesidades de los demás. El manipulador cree que nadie mejor que él sabe lo que es "bueno" para los otros.

El recurso de objetivizar a las personas vulnerables a ser manipuladas le permite proyectar sobre ellas, como si fueran una pantalla cinematográfica, sus propios temores e inseguridades, y todos los aspectos que le resulten desagradables de sí mismo. Ésa es la razón por la que muchas víctimas expresan: "Pero eso, es lo que hace él...". "Me acusa a mí de cosas que hace él".

Muchas veces trata de transferir sus responsabilidades a los otros; esto se hace muy evidente en el entorno laboral, sobre todo cuando tiene poder.

Por todos los medios trata de imponer su deseo, defendiéndolo como si de su cumplimiento dependiera su supervivencia. Ésta es su visión del mundo, no hay lugar para dos deseos, es todo o nada; es matar o morir. Siguiendo con esta analogía bélica, diremos que el manipulador hace "inteligencia", se infiltra en el inconsciente de su víctima apareciendo como "amigo". Es comprensivo, seductor, a veces hasta tiene buena llegada social o un próspero desarrollo económico, lo que se llama "un ganador". Es entonces cuando capta el deseo de la persona vulnerable, que no es otra cosa que su talón de Aquiles. En ese momento, con sentido de la oportunidad, se ofrece como el que puede cumplir con ese deseo. La víctima así lo cree… y la trampa se cierra.

¿Por que actúa así? Todos los seres humanos, para reconocerse humanos, necesitan de la mirada amorosa que realmente da la **existencia**. Es la mirada que permite, luego, mirar amorosamente a los demás. Si alguien no ha tenido esa mirada, buscará ser mirado por los otros aunque sea con miedo. Posiblemente el sentimiento dominante en su infancia haya sido el de abandono. Pudo haber sufrido la situación de pertenecer a una familia disfuncional en la que predominaran la lucha de poder, el resentimiento, la actitud destructiva y la manipulación. Es posible que de niño se haya visto sometido a la imposición del deseo de otro y sienta que ahora "todos los derechos son suyos". Ahora todo el territorio le pertenece.

Algunas características generales de los manipuladores[6]

1.- Utilizan múltiples camuflajes para confundir a sus víctimas.

2.- Algunos son fácilmente irritables, reaccionan desmesuradamente ante cualquier circunstancia que les moleste. Pueden llegar incluso a ser violentos.

3.- Algunos se muestran amables o seductores socialmente y en la intimidad con su víctima se comportan de manera opuesta.

4.- Son generalmente impredecibles. Nunca se sabe qué es lo que los enoja y cómo actuarán en consecuencia.

5.- Se desentienden de sus propias responsabilidades, logran transferirlas a los demás y los cuestionan cuando los resultados no son los que ellos esperaban.

6.- Son muy eficaces para lograr sus fines a costa de otras personas.

7.- Inducen a las personas manipuladas a hacer cosas que no harían a partir de sus propias convicciones.

8.- Sus demandas son imperativas, incluso pueden recurrir a "forzar" razones lógicas para lograr sus propósitos.

9.- Utilizan seudoverdades universales aprovechando los principios morales de los demás para satisfacer sus necesidades. Como, por ejemplo, la caridad, la tolerancia o el perdón.

10.- Pueden llegar a la amenaza o el chantaje de forma abierta o encubierta.

11.- Carecen de empatía. No tienen en cuenta las necesidades, ni las demandas ni los deseos de los otros aunque proclamen lo contrario.

---

6. Extractado de: Gloria Husmann y Graciela Chiale, *La trampa de los manipuladores*, Editorial del Nuevo Extremo, Buenos Aires, 2008.

12.- Desprecian los sentimientos y puntos de vista de los demás.

13.- No expresan claramente sus demandas, necesidades, sentimientos u opiniones; pretenden que los demás adivinen lo que ellos quieren o necesitan.

14.- Responden generalmente de forma confusa.

15.- Se enojan cuando se les solicita que aclaren o amplíen la información.

16.- Comunican sus mensajes de manera indirecta, especialmente cuando deciden no enfrentar una situación que les resulta incómoda. Utilizan a otras personas para que transmitan sus mensajes o lo hacen a través del teléfono o de una nota escrita.

17.- Tienen gran versatilidad para cambiar de tema de acuerdo con sus necesidades. Utilizan ardides para focalizar la conversación en un punto que resulte más conveniente para ellos.

18.- Piensan que los demás deben saberlo todo y responder inmediatamente a sus preguntas sin otorgar el tiempo necesario para que las otras personas piensen la respuesta.

19.- Sus opiniones, sus comportamientos y sus sentimientos pueden variar según las personas o las situaciones de las que se trate.

20.- A pesar de ser ellos mismos muy cambiantes, no admiten que los otros lo sean. Hacen creer a los demás que no deben cambiar nunca de opinión.

21.- Son muy permisivos consigo mismos y muy intolerantes con los demás. Las reglas están para que las cumplan los otros.

22.- Disimulan sus errores y jamás los reconocen, aunque exista evidencia en su contra. No admiten críticas de ningún tipo.

23.- No toleran los errores de los otros. Hacen creer a los demás que deben ser perfectos.

24.- Son proclives a acusar a la persona vulnerable de sus defectos o errores.

25.- Critican constantemente todo y a todos. Ponen en duda las cualidades, la competencia y la personalidad de los demás. Critican enmascarada o abiertamente.

26.- Lo distinto los asusta, porque los desplaza de los patrones conocidos donde se sienten seguros de poder ejercer eficazmente el control.

27.- Para atenuar sus propias inseguridades, desvalorizan y juzgan. Se creen poseedores de un don especial que los hace infalibles y sabios.

28.- Suponen que los demás son ignorantes e intentan hacer notar la superioridad que ellos creen tener.

29.- Son egocéntricos; consideran que el mundo gira a su alrededor.

30.- Culpabilizan constantemente a los demás aprovechando y explotando el vínculo familiar, la amistad, el amor, la ética profesional, etc. Son expertos en la estrategia de "poner la culpa afuera".

31.- Suelen no escuchar respetuosamente ni con el tiempo suficiente lo que los demás exponen salvo cuando ellos tienen algo para ganar.

32.- Suelen sembrar cizaña y levantar sospechas para desestabilizar a los que consideran sus oponentes.

33.- Suelen eludir las entrevistas o las reuniones que no les resulten ventajosas, aun habiendo comprometido su asistencia con anterioridad.

34.- La mentira es uno de sus principales recursos.

35.- Hacen interpretaciones deformantes de la realidad.

36.- Pueden ser muy celosos y controladores.

37.- Juegan con los tiempos de los demás, esperan hasta el último momento para hacer un pedido o para dar una orden.

38.- Pueden ser muy seductores. Dotados de gran intuición, suelen descubrir rápidamente qué tipo de seducción es más efectiva en la conquista de cada víctima. Algunos utilizan la seducción en forma de halagos o regalos, otros seducen "vendiendo" una imagen de seguridad o protección, etc.

39.- Entrampan a sus víctimas produciéndoles una sensación de malestar y de asfixia por falta de libertad.

40.- Logran convertirse en el tema central de conversación de las personas que los conocen, se encuentren o no presentes.

41.- Si lo consideran necesario, se victimizan utilizando para ello una imagen de soledad, de enfermedad o de pobreza exageradas para que se los compadezca.

42.- Tienen gran habilidad para detectar a las posibles "víctimas" y les lleva muy poco tiempo descubrir su "talón de Aquiles".

43.- Un manipulador sólo es anulado o superado por otro manipulador. Esta característica es fácilmente observable para el ojo entrenado cuando se presenta la oportunidad de ver a dos manipuladores juntos.

¿EL MANIPULADOR ES UN PSICÓPATA?

Es común escuchar decir por parte de las personas atrapadas en vínculos patológicos: "Es un psicópata". Por esta razón consideramos importante diferenciar la conducta del psicópata de la del neurótico que manipula.

El manipulador neurótico es una persona que intenta compensar su inseguridad, su sensación de inferioridad, disminuyendo y/o desvalorizando al otro. La diferencia que existe entre uno y otro podría compararse con la que hay entre un aficionado y un profesional.

Para el doctor Hugo Marietan, especialista en el tema, la psicopatía es diferente: "La psicopatía es una manera de ser, una personalidad, una variante de los tipos humanos. No es una enfermedad sino una manera de ser atípica, infrecuente y estridente por su patrón conductual que desentona, en ocasiones, con el patrón general de conducta de la comunidad (…) A veces debe satisfacer necesidades comunes, **pero desproporcionadas**, excesos. Son necesidades que tiene la mayoría, pero en exceso (poder, conocimiento, sexo, fama, dinero, etc. (…) Pero, y he aquí la esencia de la psicopatía, también debe satisfacer **necesidades especiales**; aquellas que lo diferencian netamente del normal, como son la necesidad de matar, de violar, incendiar, de ejercer la antropofagia… Y acompañan a estas necesidades especiales un **modo** de satisfacerlas; y este modo es intrínseco de cada psicópata y constituye su **estilo** (su patrón, su sello o perfil); y contribuye a darle al acto psicopático ese sesgo de perplejidad que provoca en la persona normal (…) La psicopatía es una manera de ser. No es una enfermedad. Ni algo adquirido por malos tratos infantiles, es decir, no es algo aprendido. El psicópata es así".[7]

Como se puede inferir a partir de la opinión del experto en el tema, los psicópatas responden a los distintos acontecimientos cotidianos, con un patrón de conducta muy diferente del de quienes aceptan límites, normas e inhibiciones consensuadas socialmente. No lo hacen desde un desconocimiento de las reglas sociales. Sencillamente las transgreden porque, para ellos, las únicas normas son las que responden a sus leyes internas, a las de sus propios códigos.

---

7. Hugo Marietan, *El complementario y su psicópata*, Ananké, Buenos Aires, 2008.

Y de esos códigos se desprende una conducta diferente hacia la comunidad y hacia sí mismos. No responden a represiones de tipo neurótico, ya que se manejan con una ilimitada libertad interior.

Ésta es también otra de las características que los diferencia de las personalidades no psicopáticas, junto con la ausencia de culpa, la mentira psicopática,[8] el manejo de la incertidumbre sin estrés, etc. Pero lo más importante de resaltar es que los psicópatas no son enfermos. Su forma de ser no es el resultado de traumas vividos en la infancia ni es hereditaria, es una forma de ser y al no ser un enfermo, no se cura.

Quizás sirva de consuelo saber que sólo un porcentaje mínimo de la población es psicópata.

8. La mentira psicopática se caracteriza por ser sostenida con una actitud especial, relajada, incuestionable. El psicópata puede sostener la mirada de la otra persona y seguir mintiendo verbalmente y a través de su actitud corporal. Puede seguir sosteniendo la mentira todo el tiempo que le haga falta hasta lograr su objetivo.
9. Según el doctor Hugo Marietan, sólo el 3% de la población es psicópata.

- Todas las personas podemos manipular circunstancialmente, sin ser por ello "manipuladoras".
- Los manipuladores mantienen un patrón fijo de abuso interpersonal.
- Se apropian de la voluntad del otro.
- Imponen su propia visión de la vida.
- Pretenden decretar cómo los otros deben percibir, sentir y actuar.
- Se valen de los demás para satisfacer sus propias necesidades.
- Pueden ser sutiles o francamente impositivos.
- Apelan a la descalificación, la culpa, la vergüenza y el miedo.
- Recurren al silencio, la distorsión o la negación de la comunicación.
- La agresión encubierta está contenida en su conducta.
- Pueden llegar a implementar métodos cada vez más sofisticados y/o agresivos.
- En casos extremos pueden llegar incluso a la violencia física.
- Es muy difícil que un manipulador cambie.

CAPÍTULO 3

El porqué de la vulnerabilidad

"El ser humano no vive sólo de pan.
Necesitamos amor y cuidados, y encontrar
una respuesta a quiénes somos y por qué vivimos".
JOSTEIN GAARDER

Si bien todos tenemos puntos débiles, existen personalidades más vulnerables que otras. Son aquellas que transitaron por una infancia traumática, muchas veces "olvidada".

Una educación represiva, convivencia con adultos manipuladores, abandono emocional de los padres, pérdida de un progenitor a temprana edad, entre otras razones, podrían ser el origen de dicha vulnerabilidad.

Estas personas pudieron haber transformado su sufrimiento en una distorsión de la empatía, y de esta forma exacerbaron la tolerancia hacia los demás. En su necesidad de sentirse dignas de ser amadas, han crecido con la idea de que es necesario ser complacientes para ser elegidas como objetos de amor. De allí que muchas de sus características estén relacionadas con el modelo ideal que construyeron y con el que creen que deben cumplir.

Es necesario diferenciar lo que comúnmente llamamos "inteligencia" de la "inteligencia emocional". **La capacidad intelectual no tiene que ver con la capacidad afectiva.**

Son numerosas las personas que, siendo sumamente inteligentes, no reconocen sus atributos o sólo pueden desarrollarlos en áreas que no comprometan la afectividad, como por ejemplo el trabajo.

Es frecuente preguntarse: ¿por qué a las víctimas de manipulación les cuesta tanto darse cuenta de lo que les sucede?

Es común que "los de afuera" tampoco se den cuenta, o que asuman una actitud crítica para con la víctima. Esto sucede por la habilidad con la que el manipulador se maneja para engañarlos. Generalmente, no existen pruebas objetivas del maltrato, tampoco del sufrimiento de la víctima.

Características de las personas vulnerables al maltrato

En nuestro trabajo de campo, hemos podido categorizar una serie de características que se dan en las personas que son vulnerables a ser sometidas a maltrato. Entre ellas, es posible mencionar las que siguen a continuación como las más destacables.

1- **Sienten miedo.** ¿A qué? Al conflicto, temen ofender, desagradar, herir al otro, pero, esencialmente, tienen **miedo a dejar de ser amadas.** El miedo es represivo, paraliza o lleva a tomar decisiones reactivas que muchas veces son erróneas o pierden eficacia porque son tomadas a destiempo.

Entre otros miedos, el temor al rechazo hace que estas personas adopten, muchas veces, una actitud de sumisión. Se desestabilizan fácilmente y éste es el punto de enganche que aprovecha el manipulador.

2- **Por temor al abandono.** Muchas veces, se proyectan relaciones con determinadas características que, supuestamente, podrían actuar como antídoto contra el abandono. En algunas personas vulnerables de por sí, y que sufrieron el abandono de parejas anteriores, suele producirse una situación particular. Con el afán de asegurarse de no ser nuevamente rechazadas, forman en segundas instancias "parejas desparejas". Es decir, se vinculan a personas que tienen condiciones económicas, culturales o sociales inferiores a las que ellas poseen. Al sentir "temor al abandono" utilizan esta desigualdad como reaseguro, ya que al ser "conveniente" para el otro, **creen** que la relación perdurará.

3- **Tienen indecisión crónica** por un exagerado temor a equivocarse. El origen de esta indecisión NO se debe a falta de formación o de información, sino a una falta de confianza en sí mismas. Al no fiarse de su propio juicio crítico, están pendientes de la decisión y aprobación de los demás. Generalmente recurren a la opinión de las personas de su entorno para poder decidir. Cuando la obtienen, si éstas no reconfirman su percepción, traicionan su verdadero sentir y dudan de sí mismas. Muchas manipulaciones ocurren en el ámbito privado, a puertas cerradas, donde la mirada de los otros no llega. No olvidemos que el manipulador es como dos personas diferentes: tal como **es** frente a la víctima y tal como **se muestra** frente a los otros. Y al no poder corroborar los hechos con un observador externo, las víctimas dudan de lo que sienten: "¿No seré yo la que se imagina todo esto?". "¿No tendrá razón en lo que me dice?".

4- **Son excesivamente confiadas en las capacidades de los otros:** "Los otros pueden lo que yo no puedo". Necesitan del consenso para tomar decisiones: "Vos que entendés más, ¿en mi lugar, qué harías?". O: "Según tu experiencia, ¿qué te parece que debo hacer?". O: "Qué suerte tengo al estar en un grupo de estudio donde todos saben mucho más que yo", son frases habituales en su discurso. Esto hace que prioricen siempre la opinión o la voluntad de los otros, por considerarlas más valiosas. Tratan de disimular su inseguridad esforzándose por dar una buena imagen personal desde la opinión de los otros, tomándolos incluso como si fueran asesores de imagen.

5- **Por miedo a desagradar** o a perder la buena opinión que su interlocutor tenga de él/ella, les cuesta mucho negarse a una petición. Son, por consiguiente, **hipercomplacientes** con todos, especialmente con aquellos a quienes creen poseedores de "eso" que a ellos les falta. Es común escucharlos decir: "La verdad es que no tenía tiempo ni ganas de ayudar a X, pero me lo pidió y ¡cómo me iba a negar!". "Yo siempre estoy disponible para todos y todo, yo no me fijo si después ellos me devuelven o no los favores, yo ayudo y listo".

Se hacen cargo, entre otras cosas, del cuidado de las relaciones afectivas y sociales de su entorno. Suelen ser la agenda parlante que alerta a los demás acerca de los eventos: "Acordate que pasado mañana es tu aniversario, ¿compraste el regalo?".

6- Una de las características más notorias de las personas que son víctimas de manipulación es la **autocrítica dura y excesiva**. Esto las mantiene en estado de insatisfacción consigo mismas. Cuando toman una decisión equivocada, su culpabilidad neurótica hace que exageren la magnitud de sus errores y se condenen, llegando a no perdonarse nunca por completo. Piden disculpas por todo, aun por aquello de lo que no son responsables. Dicen frecuentemente: "Perdoname, no me di cuenta". "Soy un tonto, no me lo voy a perdonar nunca", ante situaciones insignificantes. Al ser personas con una tendencia natural a culpabilizarse, resultan funcionales al manipulador. Pueden incluso hacerse cargo de las culpas de éste. "Él tiene mal carácter, pero sólo cuando yo lo hago enojar". "Mi hermana me pidió que te explicara que ella te chocó el auto, pero fue culpa mía porque yo le daba charla mientras manejaba".

7- Son proclives a caer en la trampa de un **excesivo perfeccionismo**. Suelen ser detallistas, al extremo de rehacer reiteradamente un trabajo que tiene un mínimo error. "Me voy a quedar despierta rehaciendo el informe porque no me gusta cómo quedó" (estaba correcto y era sólo un borrador de trabajo). Este aspecto los hace muy eficientes en el plano laboral, pero con un costo muy alto para ellos. Esto se debe a la inseguridad de base que poseen. Por eso mismo, sobrevaloran a quienes han logrado obtener reconocimiento social y han alcanzado bienes culturales o materiales significativos.

8- El nivel de **autoexigencia** es muy marcado y sienten que los arrastra un alud interno cuando los resultados no concuerdan con sus expectativas. Son personas con gran capacidad de trabajo y no escatiman esfuerzos para lograr que todo salga "a la perfección".

Les cuesta aceptar la ayuda de los demás y trabajan más que el común de las personas, por lo que pueden llegar incluso al agotamiento.

En algunos casos el deseo de sobresalir, que está implícito en la autoexigencia, es directamente proporcional al deseo de agradar.

Por ejemplo, Diana, mujer manipulada por su marido, creía que era una mujer sin mérito, y frecuentemente decía: "Haga lo que haga y diga lo que diga, las cosas nunca me salen del todo bien... Tengo que ponerme las pilas[10]". No importa el esfuerzo que realice la persona vulnerable para cumplir con las expectativas propias o de los otros, toma sus acciones como algo que podría haber sido hecho de manera más eficiente. Esto la encadena al juego eterno de la autoexigencia.

9- Suelen ser personas **excesivamente generosas** y están siempre disponibles para salir "al rescate" de la gente de su entorno. Priorizan las necesidades de los demás sobre las propias. Pueden postergar proyectos y actividades importantes para sí, con el objetivo de satisfacer necesidades intrascendentes de los otros. Por ejemplo, pueden decirle a un amigo que quiere ir de paseo a un lugar a 30 km de distancia: "Dejá, yo me levanto más temprano y te llevo en auto, no vas a ir viajando". O: "Mirá, yo puedo esperar para comprar el auto, te presto el dinero para que hagas el viaje".

Al ser personas muy tolerantes y extremadamente comprensivas tienen dificultades para poner límites. Llegan incluso a perdonar lo imperdonable.

10- Aunque den la imagen contraria, son personas **ingenuas y crédulas**. Piensan que mediante su esfuerzo pueden llegar a cambiar al manipulador. Toman "al pie de la letra" sus palabras, promesas, críticas y acusaciones. Por ejemplo, un manipulador a su víctima: "Dame tiempo, yo estoy haciendo el esfuerzo para cambiar", dicho esto después de diez años de tortuosa relación.

---

10. En la Argentina "ponerse las pilas" significa 'esforzarse más, poner más entusiasmo'.

Por otra parte, como no tienen malas intenciones, al ser acusadas en una situación ambigua dan muchas explicaciones en un esfuerzo por conciliar, pero lo hacen desde el lugar del que le rinde cuentas a un superior.

11- Escuchan sólo lo que quieren oír. Una vez más, la ingenuidad les juega una mala pasada; hacen uso de una percepción selectiva y distorsionada. Anulan los aspectos negativos del diálogo, toman al pie de la letra la expresión verbal sin captar los tonos, los gestos, los ritmos, la intención. Es decir, no registran todo lo que le da significado al discurso, por eso no perciben las sutilezas manipuladoras. No decodifican de manera eficiente los mensajes subyacentes en la comunicación del manipulador. Ejemplo: en un grupo de amigos, una manipuladora se dirigía a su marido cuando estaba molesta con él llamándolo "bombón"[11] con un tono sarcástico. Ante la pregunta de una amiga sobre por qué le decía así estando molesta, ella respondió: "Porque es negro y cuadrado".

12- Son personas sobreadaptadas. La adaptación es la modificación de la conducta del individuo respecto de las condiciones del medio en que vive. Pero, cuando la realidad es insoportable, cuando frente a una situación de conflicto o tensión aguda el aparato psíquico queda inhabilitado para controlar la angustia, la otra alternativa es **sobreadaptarse.**

Tal como lo mencionamos anteriormente, el costo de anular el registro de sensaciones, estados de ánimo y sentimientos, se expresa en el plano físico a través de la protesta somática.[12]

---

11. Bombón es un pequeño dulce hecho de chocolate.
12. Se trata generalmente de un síntoma físico o de una enfermedad.

Las personas sobreadaptadas son, generalmente, sobrevivientes de una infancia en la que la única opción era acomodarse a su dura realidad o perecer.

> "En mi infancia tuve que aprender a reprimir reacciones espontáneas a las afrentas (reacciones como la rabia, la ira, el dolor y el miedo) por temor a un castigo. Más tarde, en mi etapa escolar, me sentía incluso orgullosa de mi capacidad de autocontrol y de mi contención. (...) Sólo cuando pude liberarme de esa actitud me fue posible entender el sufrimiento de un niño al que se le prohíbe reaccionar de manera adecuada a las heridas...".

ALICE MILLER

Por eso, sin darse cuenta, y con el fin de ser aceptadas y valoradas, las personas sobreadaptadas satisfacen las expectativas de los otros, y se olvidan de sus propios deseos y necesidades. Para ellas existe un nexo causal entre **asumir todas las responsabilidades y ser dignas de ser amadas por los demás**.

A veces la sobreadaptación no es del todo inconsciente. En un constante esfuerzo por tratar que "todo esté bien", la víctima muchas veces simula un bienestar que no posee. Se autoengaña y hasta logra en algunas oportunidades sentir que "todo está bien"; generalmente es su cuerpo el que da las señales del costo que paga por dicha simulación. Sólo después de haber realizado la etapa de "descubrimiento" del problema, podrá dejar de simular para sobrevivir.

13- Distorsión de la empatía[13]

La víctima tiene exceso de **empatía**, distorsiona las necesidades y urgencias de los otros. Siempre piensa en "qué querrán", "qué necesitarán" o "qué les molestará". Por pensar en los demás, las personas vulnerables se olvidan de pensar en ellas; por esa razón pueden victimizarse fácilmente. Son, en primer lugar, víctimas de sí mismas, de su distorsionado y exagerado pensamiento empático y, consecuentemente, propician el abuso de los que las perciben como vulnerables.

> "La personalidad tolerante, la empatía y la capacidad de ponerse en el lugar del otro, así como un mayor sentido del humor caracterizan a las personas tolerantes, maduras y democráticas. Pero sólo cuando la vida está libre de amenazas intolerables uno puede estar en paz...".
>
> MARGARET MEAD

---

13. Empatía es la capacidad de ponerse en el lugar del otro sin invalidar la propia identidad. Una empatía adecuada implica poder experimentar la realidad subjetiva de otro individuo **sin perder de vista el marco de la realidad propia**.

Las personas vulnerables a ser manipuladas:

- Son personas sobreadaptadas.
- Sienten miedo a ofender, desagradar, herir al otro.
- Tienen miedo a dejar de ser amadas.
- Adoptan una actitud de sumisión por temor al rechazo.
- Sienten que se desmoronan anímicamente con facilidad, situación que aprovecha el manipulador.
- El temor a equivocarse se manifiesta en una indecisión crónica.
- No confían en sí mismas. Están pendientes de la aprobación de las personas de su entorno.
- Son excesivamente confiadas en las capacidades de los otros.
- Les cuesta mucho negarse a una petición.
- Son excesivamente autocríticas, tienden a culpabilizarse.
- Viven en un estado crónico de insatisfacción consigo mismas.
- Suelen ser detallistas y proclives a un excesivo perfeccionismo.
- Son excesivamente generosas en tiempo y bienes.
- Tienen dificultades para poner límites.
- En general, son personas ingenuas y crédulas.
- Piensan que mediante su esfuerzo pueden llegar a cambiar al manipulador.
- Escuchan sólo lo que quieren oír.
- No decodifican de manera eficiente los mensajes subyacentes en la comunicación del manipulador.
- Tienen una exacerbada empatía. Priorizan las necesidades y urgencias de los otros.

Éstos son los aspectos que permiten que las personas vulnerables caigan en las trampas de los manipuladores.

CAPÍTULO 4

Antecedentes de los que caen en la trampa

"El presente es la viviente suma total del pasado".

THOMAS CARLYLE

Todas las personas podemos tener traumas[14] de la infancia no resueltos, heridas que parecen estar cicatrizadas y que frente a una "amenaza psicológica" se reactualizan convertidas en puntos de vulnerabilidad. Muchos y diferentes son los orígenes de los traumas y diversas, sus consecuencias. En nuestra investigación, observamos que en las personas vulnerables a la manipulación, existían antecedentes de:

- **Sometimiento en la infancia a adultos manipuladores**

Fueron niños entrenados en el desconocimiento absoluto de sus derechos y deseos. Se trata de un sometimiento que puede manifestarse enmascarado por seudocuidados y protección por parte del adulto y que se diferencia del auténtico cuidado. Con el argumento de "yo sé lo que te conviene", se anula el reconocimiento de los

---

14. En psicología se denomina "trauma" a un acontecimiento en la vida de una persona que, dada su intensidad, supera la capacidad de ésta para afrontarlo. La configuración de un hecho traumático se relaciona con la intensidad que tiene ese hecho y con el nivel de tolerancia de la persona para elaborar y controlar psíquicamente dicha situación.

propios deseos por parte del niño. Aun si éste los reconociera, se le impediría expresarlos y si incluso así lo hiciera, se le impediría realizarlos.

La diferencia entre un auténtico cuidado del niño y un seudo-cuidado, está dada porque en el primero, el estímulo se orienta hacia la autonomía y el desarrollo personal. En cambio en el seudocuidado, el niño es tomado como objeto de la voluntad del otro. El sometimiento en la infancia a adultos manipuladores es también muy evidente en los niños que son explotados por los adultos, en muchos casos sus propios progenitores. Un ejemplo de esto último puede ser el caso de un niño que mendigaba en la calle a quien alguien se le acercó para regalarle una pelota de fútbol. El niño rechazó la pelota y le dijo a su interlocutor que no podía aceptar-la, que necesitaba llevar dinero a su casa para no ser castigado. Cuando la persona le explicó que él tenía derecho a aceptar la pelo-ta como regalo, el niño le dijo: "Vos porque no conocés a mi viejo, si aparezco con esto me caga a patadas y no morfo[15] por varios días". Si bien éste puede parecer un caso extremo, la extorsión es bastante habitual, y no sólo en los niños de nivel socioeconómico bajo.

- **Entorno afectivo impredecible**

  Cuando un niño no sabe cuál será la reacción de sus padres o sustitutos, vive en permanente incertidumbre. Aprende a poner la atención en tratar de decodificar gestos, tonos, actitudes y pala-bras. Se esfuerza por entender la lógica del razonamiento del adulto manipulador, por lo que muchas veces cae en distorsiones cognitivas.

---

15. "Morfar", término del lunfardo argentino que significa 'comer'.

¿Cómo entender que lo mismo que hizo o dijo ayer hoy provoque una reacción diferente? Es posible que piense: "Algo hice mal, debo estar más atento". El resultado es la duda respecto de sí mismo que repercute categórica y negativamente en su autoestima. La permanente incertidumbre le impide razonar proyectando el futuro.

Un ejemplo es el de Susana, una señora de cincuenta y cinco años que recordaba una anécdota de su infancia con su madre. Ella era entonces una niña de nueve años: "Un día le llevé unas florcitas silvestres a mi mamá y me las agradeció y hasta me dio un beso. Yo estaba muy contenta por eso. Al día siguiente volví a llevarle las mismas florcitas y me dijo: 'Vos siempre trayendo porquerías a casa'; es el día de hoy y no me puedo olvidar lo que sentí".

Este caso no parece ser generador de un gran conflicto, sin embargo, siempre fue muy difícil para Susana decodificar cuál podía ser la decisión correcta en su aspiración de ser reconocida y amada por su madre. Prueba de esto último es el hecho de que en la actualidad, siendo ya una mujer madura, este recuerdo permanece intacto.

Otro caso es el de un adolescente que quería ir a bailar con sus amigos. Había acordado con sus padres que iría todos los viernes, pero sólo los viernes. Él cortaba el césped del jardín de un vecino y recibía a cambio una recompensa económica que utilizaba para sus salidas. Un viernes se le negó esa posibilidad sin mediar explicación alguna. Sus notas en la escuela eran excelentes y no entendía el porqué de la negativa. Al preguntarle a su padre, éste le respondió: "Porque lo digo yo, y punto". Al hacerle recordar que el trato era otro, la respuesta fue idéntica, pero con un tono de voz más subido. La falta de argumentación o explicación en el cambio de decisión dejó al joven confundido, además de enojado.

- **La pérdida de un progenitor a edad temprana**

La orfandad de un niño frente al abandono, ya sea por ausencia involuntaria, voluntaria o por muerte de uno o ambos progenitores, deja una marca que, de no ser elaborada correctamente, permanecerá indeleble en su psiquismo. El abandono como generador de vulnerabilidad produce un vacío existencial que siempre se buscará obturar. Esta falencia es entonces vivenciada como falta de cualidades para ser amado. Es común en esos casos relacionarse con personas a quienes se les atribuyen condiciones especiales.

Para asegurar la continuidad de la unión, se tratará por todos los medios de complacer al otro. El precio a pagar está directamente relacionado con la amenaza de abandono.

Lucas perdió a su madre cuando era muy pequeño. Al poco tiempo, su padre, un próspero comerciante se volvió a casar. Mirtha, la esposa de su papá, rápidamente se encariñó con él. Lo cuidaba con autentico interés y afecto, y a veces se afligía al descubrir una mirada triste en los ojos de Lucas. Cuando éste tenía seis años, nacieron sus hermanos gemelos, Santiago y Andrés. En el hogar nunca faltó la comunicación ni la demostración del afecto, sin embargo, en los ojos de Lucas se percibía el temor. El mismo temor que al crecer lo invadiría cuando estableciera una relación amorosa y sufriera esperando el momento en que sería abandonado. Muchos años después, entre sollozos y en el ámbito terapéutico, pudo reconocer el origen de esa inseguridad: "La verdad, que si digo que no me quieren, miento… pero siempre estoy esperando que me dejen. (…) Cuando nacieron los chicos dije: '¡Chau!, encima son dos, yo estoy de más (…)'. Me moría de miedo a que un día se separaran y

Mirtha se fuera con los chicos. (…) Con todas es lo mismo, si mi mamá me dejó, por qué no me van a dejar ellas".

El abandono o el temor a ser abandonado suelen ser el núcleo de la vulnerabilidad y esta situación suele ser aprovechada por los manipuladores.

Sin embargo, el abandono también puede ser la génesis de una personalidad manipuladora.

- **Madre o padre abandónicos**

Básicamente hay dos tipos de abandono: el abandono físico que se origina cuando uno o ambos padres se separan del niño y el que se produce aun con los padres presentes. Como ejemplo de abandono físico, nos permitimos extractar parte de un reportaje publicado por el diario *La Nación* a Pedro Palomar en el que relata sus experiencias infantiles:

"… Me había entregado, apenas yo había nacido, al cuidado de la familia Laguna. Y volvió a la isla seis años después para llevarme. Creo que así como no entró en demasiados detalles cuando me abandonó —nunca nadie me dijo nada—, tampoco lo hizo cuando decidió recuperarme. Sólo me fue a buscar. Y yo, que hasta ese momento creía que los Laguna eran mi familia, cuando para todos en la isla era simplemente el Peti, ni siquiera era Pedro, me iría caminando de la mano de aquel ángel, de esa mujer rubia vestida de blanco hasta la canoa que nos esperaba. Tan simple como eso. Nunca nadie me había explicado nada".[16]

16. Publicado en la edición impresa del diario *La Nación* de la Argentina el domingo 28 de setiembre de 2008: http://www.lanacion.com.ar/nota.asp?nota_id=1052805.

Si bien el abandono físico puede ser muy traumático, el abandono con los padres presentes no lo es menos. En muchos hogares los niños están en situación de abandono a pesar de compartir la vivienda con sus progenitores. Un niño menor de diez años que pasa la mayor parte del día en su casa o fuera de ella, sin la supervisión de un adulto responsable, también está en situación de abandono. Este tipo de abandono no se da sólo entre las familias de nivel socioeconómico bajo, en las que los padres se ven forzados a dejar a los hijos para salir a buscar el sustento, sino también en las clases más acomodadas. Dentro de este tipo de abandono, existen muchas modalidades entre las que se pueden mencionar: el descuido de las necesidades básicas, el abandono emocional, el hecho de privar al niño de oportunidades para relacionarse con los demás, y todo el conjunto de manifestaciones crónicas y persistentes, que impiden el normal desarrollo psicológico del niño.

Como ejemplo del descuido y abandono en los adolescentes argentinos de clase media alta es posible recurrir al caso de Martín, un joven de quince años que compartía con sus padres no más de dos o tres horas semanales. Su padre trabajaba en San Pablo y volvía a su casa en el Gran Buenos Aires sólo algunos fines de semana. Su madre, por su parte, repartía su tiempo entre el trabajo, reuniones sociales, clases de tenis y otras actividades que, según ella, hacía para "gratificarse". Martín disfrutaba de todo el confort que quería aunque estaba carente de amor familiar. Un día Martín tuvo un accidente doméstico que lo dejó desvanecido. La empleada llamó al servicio de emergencia y fue llevado a un sanatorio para hacerle algunos estudios. Si bien los resultados no revelaron nada grave, el médico insistió en que se hiciera presente la madre para informarle que su hijo consumía drogas desde hacía mucho tiempo. Sus padres nunca lo habían sospechado.

• Formación deficiente de la empatía

Las personas vulnerables han sufrido, pero en lugar de transformar el sufrimiento en necesidad de dominio, como ocurre con el manipulador, lograron sentir empatía y comprensión por los demás.

Si bien esto es valorable, cuando se produce un desarrollo distorsionado de la empatía,[17] y se está excesivamente pendiente de "agradar cumpliendo con las expectativas del otro", hay una pérdida de energía psíquica en detrimento del reconocimiento de las propias. Esto puede repercutir como déficit afectivo en la adultez, ya que el miedo a no alcanzar el reconocimiento se reactualiza en cada vínculo afectivo. Entonces, frente a una amenaza psicológica, surge nuevamente una empatía distorsionada o exagerada.

Cecilia, de veinticuatro años y estudiante avanzada de Ciencias Económicas, vive con dos compañeras que, al igual que ella, son oriundas de distintas provincias. Se conocieron cursando el CBC[18] y al poco tiempo decidieron dejar los distintos pensionados donde vivían para compartir un pequeño departamento. No surgieron mayores problemas de convivencia, pero Cecilia, poco a poco, fue haciéndose cargo de las tareas propias de una casa: compras, administración, limpieza, etc. Para su sorpresa, sus compañeras parecían incómodas o disgustadas, frente a lo cual Cecilia redobla-

---

17. Es habitual que al hablar de empatía, surja una confusión con el concepto de simpatía. Consideramos, entonces, importante definir la empatía como una identificación psíquica, intelectual y emocional que se da de una persona a otra. Es por lo tanto una cualidad que facilita la posibilidad de contactarse con las dificultades o necesidades de los otros.
18. C.B.C.: Ciclo Básico Común de la Universidad de Buenos Aires.

ba sus esfuerzos. No sólo esperaba con la comida lista cuando alguna de ellas llegaba tarde, sino que se ocupaba de que tuvieran la ropa lavada y planchada. Cuanto más se esforzaba por mostrar su interés en ellas, más sentía que se alejaban afectivamente. Afortunadamente y con la frescura propia de los jóvenes, Claudia, una de sus amigas, le expresó: "Mirá, Ceci, vos no te darás cuenta pero sos muy intrusiva, a mí no me gusta que toquen mis cosas y si quiero dejar la cama sin hacer... la dejo, ¿entendés? Vos quedate tranqui, eh, todo bien".

Al principio, Cecilia lamentó que sus amigas no valoraran sus esfuerzos, pero poco a poco las chicas le hicieron sentir que ella valía por lo que era y no por lo que hacía.

- **Educación represiva**

El mayor logro de una educación represiva es que en un segundo tiempo se transforma en autorrepresiva y ya no necesita de controles externos. En esa realidad "donde los otros todo lo sabían", el niño ha aprendido que no debe sentirse herido aunque lo esté, pero sobre todo ha aprendido que, de alguna manera, por incomprensible que parezca, es responsable de lo que le ocurre. La autoincriminación actúa de forma eficaz culpabilizando de manera constante. La víctima convive con una especie de depredador interno que suma sus fuerzas a las de los externos con quien a lo largo de la vida se relaciona. Las personas vulnerables a ser manipuladas pueden sufrir maltrato y sentirse, incluso, merecedoras de él.

Son muchos los ejemplos que inspiraron a realizadores cinematográficos en sus films, como por ejemplo, *Padre padrone*, [19]

19. Dirigida por Paolo y Vittorio Taviani.

La sociedad de los poetas muertos,[20] *Billy Elliot,*[21] *Claroscuro,*[22] *La mala educación,*[23] por nombrar sólo algunos.

Sin embargo, quienes hayan podido conservar cierta capacidad de reacción, pueden rebelarse a esa situación y aprender a protegerse mejor. El miedo que subyace a toda educación represiva, sólo tiene dos vías de resolución: **la rebeldía o la sumisión.**

• **Niños rehenes o trofeos de guerra**

En situaciones de crisis familiares, las vivencias de los niños suelen ser consideradas sólo un "daño colateral", que éstos superarán a medida que crezcan. Y así debería ser, pero es común observar las dificultades psicológicas que suelen "arrastrar" los hijos del divorcio. No en todos los casos estas dificultades son el resultado de la crisis en sí misma, sino de la situación de ser "usados" como rehenes o quizás como trofeos de guerra. **Nos referimos al siniestro "uso" del niño en pro de las necesidades de venganza del adulto.**

El niño tiene que aprender a soportar el tironeo en un juego de lealtades en el que quedará atrapado. Sin duda el daño más evidente de esta situación es el perjuicio que representa el menoscabo en su autoestima. Esto redundará en una pérdida de seguridad en sí mismo para detectar el amor verdadero. Esta distorsión acerca de la idea del verdadero amor le generará una gran confusión a la hora de elegir sus futuros vínculos afectivos. Al no haber podido vivenciar el amor incondicional, no puede elegir el amor sin condiciones: "Si quiero a mamá, defraudo a papá" y viceversa.

20. Dirigida por Peter Weir.
21. Dirigida por Stephen Daldry.
22. Dirigida por Scott Hicks.
23. Dirigida por Pedro Almodóvar.

Una analogía que permite comprender la situación es imaginar que al separarse sus padres el niño adquiere una doble ciudadanía. Esto no tiene por qué ser traumático, pero imaginemos por un momento que esos dos países entraran en guerra. ¿En cuál de los dos podría el niño sentirse seguro y protegido?...

"Ningún niño debería estar obligado a tener que elegir entre sus padres, pero puesto que nuestro mundo es imperfecto, un niño que se ve forzado a ello se criará sano en tanto se le permita elaborar su construcción psicológica de las dos realidades en que se ha convertido aquello que fue uno. Si esto se lleva a cabo, con la inteligencia del curioso incansable sabrá elegir lo mejor de cada uno, separar uno de otro y enriquecerse de ambos". [24]

- Impedimento de los deseos

Es muy común encontrar padres que, a pesar de amar a sus hijos, tienen grandes dificultades para aceptar que éstos tengan deseos propios y derecho a concretarlos. Esto es más fácil de comprender con un ejemplo.

Marcela es una mujer de cincuenta y dos años, muy marcada por las experiencias traumáticas de su infancia. Cuando niña, su padre, de origen italiano, muy celoso y temeroso de los "peligros de la calle", decidió que su hija no cursaría estudios secundarios. Su argumento era: "La escuela es la excusa que tienen los adolescentes para franelear.[25] Mi hija no será deshonrada si yo puedo

---

24. José Manuel Aguilar, S.A.P. *Síndrome de Alineación Parental. Hijos manipulados por un cónyuge para odiar al otro*, Almuzara, Córdoba, 2007.
25. "Franelear" en lunfardo argentino significa 'acariciar eróticamente'.

evitarlo". "Las mujeres son para el hogar, lo mejor es que estudie manualidades y se prepare para ser una buena ama de casa". Su madre, cómplice silenciosa, no hizo lo suficiente como para que su marido cambiara de actitud.

En la actualidad, estos dichos pueden resultar hasta graciosos y cualquier adolescente haría caso omiso de ellos, pero esto no fue lo que pasó con Marcela que, a pesar de desear intensamente seguir con sus estudios, acató la orden del padre. El precio fue caer en una intensa depresión a los doce años de edad. Sólo después de muchos años y con varios tratamientos terapéuticos mediante, pudo hacer consciente lo que su inconsciente guardaba bajo siete llaves. Su deseo más profundo, estudiar, había sido cruelmente anulado. Ni siquiera tuvo la posibilidad de recurrir a los hábitos como lo hizo sor Juana Inés de la Cruz. Si bien había alcanzado un importante nivel cultural por ser una ávida lectora, siempre se sentía inferior frente a personas con estudios universitarios. Cada diez años, cuando el encuestador del Censo Nacional requería información, se sentía humillada al responder que sólo tenía estudios primarios. Respondía e inmediatamente aclaraba: "No estudié por decisión de mi padre".

Este aspecto de su personalidad la convirtió en una persona muy vulnerable a ser manipulada. Era presa fácil para cualquier tipo de manipulador, sobre todo del manipulador culto, dado que éste, supuestamente, poseía lo que ella anhelaba…

- **Maltrato físico**

Un niño que sufre castigo físico por parte de un adulto está en un absoluto estado de indefensión. Quien haya sido objeto de maltrato por parte de sus progenitores u otros adultos, tiene una importante probabilidad de establecer en el futuro una pareja violenta. Por increíble que parezca, en algunos ámbitos sociales este maltrato está aceptado. El consenso social contribuye a que la resolución esté influenciada por el género. Es decir, la tendencia es que los hombres sean maltratadores, y los niños y las mujeres, víctimas. Al estar convalidado el abuso, muchas veces no se escucha el pedido de ayuda de las víctimas. Por ejemplo, al intentar hacer una denuncia, es posible escuchar por parte de las autoridades policiales: "Vaya a su casa, señora, seguro fue un mal día para su marido". "Vaya tranquila que ya se le va a pasar".

En algunos países, como por ejemplo en la Argentina, el Estado provee orientación a las personas que son víctimas de violencia. Existen organizaciones como los CGPC[26] que asesoran en problemas de violencia y maltrato. El problema es que, muchas veces, las víctimas no saben que tienen la posibilidad de buscar ayuda, y otras, no se animan a recurrir a ella.

El agujero negro de la memoria

Cualquier tipo de maltrato que una persona adulta haya sufrido en la infancia puede estar enmascarado por recuerdos de situaciones placenteras. El hecho de rescatar los momentos apacibles vividos con algún adulto maltratador durante su infancia lacerada, actúa como una defensa frente al recuerdo de una realidad perturbadora. Dejará entonces caer transitoriamente todos los recuerdos dolorosos en **el agujero negro de la memoria** y pon-

---

26. Centro de Gestión y Participación Comunal, http://www.buenosaires.gov.ar/areas/descentralizacion/cgp/infocgpc.php?id=4.

derará los escasos momentos agradables. Es muy común escuchar en los relatos que "no todo era malo". Utiliza el mismo mecanismo que las personas que han tenido que sufrir cautiverio o han estado en campos de concentración. Recuerdan, para poder sobrevivir, que había momentos en los que incluso el peor de los torturadores tenía algún gesto piadoso hacia sus víctimas.

En la adultez, las personas que sufrieron humillaciones o maltrato físico en la infancia repiten vínculos deficientes. Para mantener la relación utilizan un filtro y recrean sólo los buenos momentos. La memoria selectiva permite que esos momentos "positivos" afloren sobre los otros. Es corriente escuchar a una persona manipulada decir: "No es tan malo, en el fondo me quiere". "No siempre es así, hay momentos en que me acompaña muy bien".

El agujero negro de la memoria es el lugar virtual a donde van a parar todos los recuerdos que por su intensidad traumática resultan insoportables. La memoria es emocionalmente selectiva, lo que no se puede soportar, **"lo olvida"**.

En la película *El príncipe de las mareas* puede verse cómo los traumas de la infancia enferman al adulto. Se puede observar la estrategia de la terapeuta que solicita al hermano de la paciente que le "preste la memoria" a su hermana para que ella pueda reconstruir lo que le falta del recuerdo de su infancia.

"No tener recuerdos de la infancia es como estar condenado a cargar permanentemente con una caja cuyo contenido desconoces. Y cuanto mayor eres, más te pesa y más te impacientas por abrirla al fin".

JUREK BECKER

Éstas, entre otras razones, podrían ser la génesis de dicha vulnerabilidad. Sin embargo, tener traumas infantiles puede ser condición necesaria pero no suficiente para establecer vínculos distorsionados. Hay que tener en cuenta el concepto de resiliencia.[27]

Los puntos arriba desarrollados son indicadores de vulnerabilidad. Los diferentes aspectos señalados obran en perjuicio de la consolidación de una adecuada autoestima. Es por eso, entonces, que las personas manipuladas no son conscientes de sus propios valores y capacidades.

27. Entendemos por "resiliencia" la capacidad y fortaleza para atravesar las crisis pudiendo incluso salir de ellas fortalecidos por la experiencia.

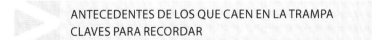

Si bien los siguientes ítems no son exhaustivos, sí son representativos de la muestra analizada.

- Sometimiento en la infancia a adultos manipuladores.
- Entorno afectivo impredecible.
- Incertidumbre en relación con las posibles respuestas del medio.
- La pérdida de un progenitor a edad temprana.
- Madre o padre abandónicos.
- Formación deficiente de la empatía.
- Educación represiva.
- Niños rehenes o trofeos de guerra.
- Impedimento del desarrollo de los deseos propios.
- Maltrato físico.

Son estos antecedentes los que propician una memoria selectiva como defensa contra ese pasado.

CAPÍTULO 5

¿Por qué cuesta tanto decir basta?

Al observar el sufrimiento de tantas personas víctimas de manipulación cabe preguntarse: **¿por qué no salen de ese circuito infortunado? ¿Se dan cuenta de lo que les sucede?**

La primera reacción de los observadores que descubren la trampa, suele ser de reprobación y hasta de rabia hacia las víctimas: **"¡Como pueden seguir sosteniendo esta situación!"**.

Lo que ocurre es que las personas manipuladas tardan mucho tiempo en reconocer que forman parte de interacciones manipuladoras. Esto se debe a que pierden la capacidad de hacer un **uso pleno del ejercicio racional**. Las víctimas de manipulación quedan inhabilitadas en su poder de reflexión y viven en una realidad engañosa, lo que posibilita que los manipuladores logren su principal objetivo: **que las víctimas duden de sí mismas**. Se establece, entonces, una verdadera lucha entre lo que piensan y lo que visceralmente sienten. Quizás "desde las tripas" sientan que algo no esté bien, pero el manipulador no es una persona que actúe con obviedad, su ataque es tan sutil que difícilmente haya pruebas objetivas de su agresión. La duda actúa como agente que invalida los sentimientos. Suelen pensar que lo que sienten se debe más a una mala evaluación de la situación, a una exacerbada susceptibilidad propia, más que a las intenciones maliciosas por parte del manipulador. Llegan, incluso, en algunos casos a autodenominarse "paranoicos" y como los manipuladores muchas veces saben de la víctima más que la víctima misma, aprovechan esta autodescalificación para explotar la situación.

Generalmente, las personas sometidas a este tipo de abuso sufren y desean modificar la relación, sin embargo no lo logran. Sin quererlo, sostienen el círculo vicioso esperando que el otro cambie como resultado de sus reclamos o pedidos, o con la ilusión de que el cambio se produzca espontáneamente.

La víctima no se da cuenta de que el verdadero promotor del cambio sólo puede provenir de ella.

¿Qué debe cambiar?

La propia comprensión de este circuito debe cambiar y por lo tanto, su actitud general al respecto. A la víctima le ocurre lo mismo que a una persona que está muy interesada leyendo un libro en un atardecer y no se da cuenta de que la luz se va volviendo cada vez más insuficiente y se exige para poder seguir con la lectura. Esto le insume un esfuerzo adicional que puede resultar, incluso, dañino para sus ojos. Pero si circunstancialmente alguien pasara y encendiera la luz se daría cuenta entonces de lo carenciada que estaba y descubriría el verdadero color de las cosas. Es el momento que comúnmente se denomina como "hacer un clic". Esta metáfora de la falta de luz nos parece apropiada para mostrar lo esforzado que puede ser vivir bajo la influencia de un manipulador y la importancia de "darse cuenta".

Pero esto recién comienza; el "darse cuenta" es el imprescindible primer paso, pero no es suficiente, es sólo el inicio de un costoso proceso.

Una de las razones por las que cuesta decir basta se debe a que la víctima, después de darse cuenta y al intentar comenzar el cambio, percibe que la situación tiende a empeorar. **¿Por qué?** En primer lugar porque al haberse operado un cambio, a la víctima le resulta más difícil tolerar las actitudes descalificatorias del manipulador, por lo que responde al maltrato con **ira reactiva**. "Me desconozco, yo no soy así, lo que pasa es que me saca de mis casillas". "A veces tengo ganas de pegarle, no lo puedo creer". "Ya no lo soporto más y estoy entrampada". "Es terrible, le copio su propia conducta".

En segundo lugar, porque el manipulador queda descolocado con este cambio de actitud y puede reforzar el hostigamiento. En este momento es muy difícil para la víctima **mantener su determinación**. Un ejemplo de esto se puede ver en el caso: "Con la guardia baja" que figura en el Anexo.

En muchas oportunidades, la ruptura del círculo vicioso establecido entre el manipulador y su víctima resulta difícil porque el manipulador supo tejer el entramado que le permite el anclaje a la situación de dominación.

Hay instancias o situaciones en las que las víctimas **creen** que existen razones por las cuales nunca podrán romper con la relación manipuladora. Pero veámoslo con algunos ejemplos.

• Cuando los manipuladores se ganan el cariño de los que rodean a sus víctimas

Poco a poco y sin que la víctima se dé cuenta o atine a desandar el camino, un manipulador puede apoderarse de los afectos de las personas de su entorno. Ésta es una estrategia muy utilizada por los manipuladores por la eficacia de los resultados.

Veamos un ejemplo.

Alicia, era una empresaria de 50 años, con dos divorcios en su haber y cuatro hijos, tres de su primer matrimonio y uno del segundo. Todos se llevaban muy bien y conformaban, junto a tres nietos, lo que al decir de Alicia era "la hermosa familia que supe lograr". Haciendo un trámite conoció a Carlos, un empleado administrativo dos años menor que ella y soltero. Comenzaron entonces una relación sin intención de compromiso alguno. Al decir de ambos: "Para no salir solos" y "hacer un service de vez en cuando".

Al principio todo parecía funcionar de acuerdo con lo que los dos pretendían: una relación esporádica y sin compromiso. Las salidas y encuentros se fueron haciendo cada vez más frecuentes y a pesar de que Alicia no quería mantener una relación más comprometida, la seducción de Carlos logró ir venciendo su resistencia.

Un día, la familia de Alicia conoció a Carlos y, poco a poco, casi sin darse cuenta, éste se fue ganando el afecto de todos. Primero fueron las entradas que él consiguió para llevar a los nietos de Alicia a ver un espectáculo infantil muy de moda en ese momento. Después siguieron los regalitos casi semanales para los chicos y más tarde las invitaciones ya extensivas a los padres. Al poco tiempo, Carlos era un asiduo concurrente a las casas de los hijos de Alicia y, en muchas ocasiones, el invitado de honor. Todos aprobaron muy contentos cuando Alicia y Carlos tomaron la decisión de vivir juntos.

Éste no sería más que el final feliz de cualquier historia de amor, si no fuera porque al poco tiempo de vivir juntos, la actitud de Carlos para con Alicia sufrió un cambio radical. Comenzó a cuestionar cada decisión que ella tomaba y a mencionar irónicamente "cuánto comprendía a los maridos anteriores, que se habían ido por no soportarla más" (esto no era cierto y Alicia mantenía un buen diálogo con ellos). Más tarde llegaron las críticas por su modo de vestir, y las descalificaciones y sarcasmos ante cualquier comentario u opinión que Alicia vertía. Lo más importante para resaltar es que todo esto ocurría **únicamente cuando estaban solos**.

Mientras tanto, el trato con los otros miembros de la familia, especialmente con los nietos, era cada vez mejor. Carlos ya era "imprescindible" para organizar cualquier evento o paseo interesante. Su actitud era inversamente proporcional: **a mejor trato con la familia, peor trato para Alicia**.

La salud de Alicia comenzó a deteriorarse y, desde el punto de vista de los hijos, era francamente conmovedor ver cómo Carlos se ocupaba y preocupaba por ella. Como la relación en privado era cada vez más insoportable, Alicia recurrió a su confesor y éste le recomendó que consultara a un terapeuta. Nunca lo hizo, ella sabía lo que debía hacer, pero no se animaba. Su verdadero y gran temor era que sus nietos sufrieran con la separación, que sus hijos no la entendieran y la tildaran de "inconformable". Habló con algunas amigas que confirmaron su temor; una llegó incluso a decirle que a su edad no podía seguir siendo tan romántica y que dejara de encontrarle "el pelo al huevo".

Alicia fue perdiendo la energía que ponía en desarrollar su empresa. A nadie le extrañó que Carlos asumiera la dirección de ésta. Los hijos estuvieron de acuerdo.

• **Cuando el pasado se cobra nuestro presente**

Es difícil pensar en una persona que pudiera NO estar influida por sus experiencias pasadas, sin embargo, cuando la socialización primaria[28] tiene lugar en una familia disfuncional como, por ejemplo, con una figura parental manipuladora, la influencia es casi predecible.

Francisco era un viudo de sesenta y dos años, con dos hijas y tres nietos. Su esposa había muerto poco después de nacida su segunda hija y él nunca había querido volver a formar pareja. Siempre sintió que su vida estaba plagada de particularidades, como el hecho de ser hijo de una madre soltera de diecisiete años. Su progenitora (manipuladora narcisista) nunca se había ocupado realmente de él porque, según decía ella misma, estaba abocada a la tarea de "rehacer su vida" y, por supuesto, Francisco perturbaba sus planes. Hija menor de una familia numerosa, manejaba a todos con sus caprichos.

Durante su infancia, muchos fueron los momentos en los que Francisco sintió que era "casi invisible" a los ojos de su madre. Esta sensación se acentuaba cada vez que ella, creyéndolo dormido, mantenía relaciones sexuales con algún novio de turno, en la misma habitación que compartía con él. Si bien Francisco y su

---

28. Berger y Luckmann en su libro *La construcción social de la realidad* explican que "todo individuo nace dentro de una estructura social objetiva". Es decir, inserto en lo que le tocó en suerte, no elige ni la clase social a la que pertenece, ni la familia en la que nace, ni a los encargados de su socialización. Todo esto le es impuesto, y como no elige, se identifica con ellos casi automáticamente. Este proceso se realiza con una enorme carga afectiva, se cree que sin ésta, el aprendizaje sería muy difícil. El niño acepta los roles y actitudes de los otros, los internaliza y se apropia de ellos. Es por esa identificación con los otros que es capaz de identificarse con él mismo. El niño tiene que conciliar lo que los otros quieren que sea con lo que él quiere ser. Recibir una identidad significa ocupar un lugar específico en el mundo.

madre habían vivido siempre en casa de sus abuelos, él nunca supo lo que era una verdadera familia.

Cuando Francisco enviudó, tampoco tuvo ayuda por parte de su madre. En ese momento, ella estaba casada y gozando de una posición económica favorecida. No creyó conveniente postergar su viaje a Europa para ayudar a su hijo en la desgracia.

Sin embargo, él se hizo cargo de ella cuando quedó viuda. Al poco tiempo, ésta le hizo notar que sería mejor para ambos vivieran juntos "ahora que los dos estamos solos".

Sus hijas le decían: "Papá, no vas a aguantarla, acordate de las cosas feas que siempre nos hizo, pero sobre todo recordá lo que te hizo". "La abuela es insoportable, cree que se recibió de reina y trata a los demás como si fuéramos sus súbditos". "Vos sos joven, podés volver a formar pareja, pero no con ella a tu lado".

Francisco dudó antes de llevar a su madre a vivir con él. Los recuerdos de su infancia eran demasiado perturbadores como para tomar la decisión con facilidad. La imagen de los castigos físicos que le propinaba, la falta de afecto, los reproches sobre lo inoportuno de su existencia, lo hacían dudar.

La madre, por su parte, esgrimía sus argumentos: "Los dos ya somos grandes, yo setenta y nueve y vos sesenta y dos, no vamos a estar buscando pareja nuevamente, ya está, vivamos juntos y nos acompañamos mutuamente". Por un momento, Francisco pensó que no debía sentir culpa por no querer cumplir una vez más con el deseo de ella. Pensaba que sería mejor asistirla a la distancia… ¡Pero era su madre! A pesar de sí mismo y de la oposición de sus hijas y yernos, la señora logró su objetivo. Y Francisco… murió antes que ella.

Es muy fuerte el mandato social de amor y asistencia incondicional a los padres, pues está muy arraigado e incluso así lo promueven algunas religiones. Crecimos escuchando que hay que amar y respetar a nuestros padres. Y así debe ser… con los padres que son dignos de ser amados y respetados. Sin embargo, hay algunos de los que es preferible alejarse para preservarse, como por ejemplo los padres que abusan psicológica, física o sexualmente de sus hijos. El verdadero amor no puede surgir del cumplimiento de un mandato.

Es necesario comprender que los hijos no están en deuda con sus padres por el simple hecho de que éstos les dieron la vida. Nadie elige nacer, por consiguiente, nadie le debe la vida a nadie. Esto también está muy arraigado en nuestra sociedad.

Pero no hablamos en ningún momento del abandono de personas, sino de encontrar la distancia emocional que permita la autopreservación. Mantener el autoengaño es el camino hacia la enfermedad: "El cuerpo nunca miente".[29]

• **Cuando una situación deja a la víctima más vulnerable**

Todo manipulador tiene cierta hipnótica atracción. Despliega la seducción para no perder su presa. Son especialistas en encantar, adular o apuntalar a sus potenciales víctimas, con el fin de lograr bajar las defensas de éstas y así obtener su confianza y lealtad. Como los manipuladores son muy hábiles para ejercer el poder detectando la carencia de las personas vulnerables, éstas quedan subyugadas ante su poder. Para ellos, seducir a sus víctimas es un camino seguro hacia la obtención del "poder sobre" los otros.

---

29. *El cuerpo nunca miente*, libro de Alice Miller que trata la relación patológica entre padres e hijos.

En casos en los que la presa se resiste, ellos saben esperar el momento adecuado para lograr su propósito. Tal como la situación de una atractiva mujer que era asediada sin éxito por un manipulador muy poderoso. Meses después, a ella le diagnosticaron un cáncer de mamas y ésa fue la oportunidad que aprovechó el manipulador que merodeaba. "Yo te voy a cuidar, no te preocupes". "No cualquiera estaría con una mujer que está enferma de cáncer, pero a mí eso no me importa, para mí lo más importante sos vos". Ese momento de vulnerabilidad la dejaría expuesta a la "protección" del manipulador. Ella se curó en poco tiempo, sin embargo, tardó años en poder separarse de él.

• **Cuando la seducción está al servicio de la reconquista**

No hablamos de una seducción común. Como los manipuladores son muy hábiles para ejercer el poder detectando la carencia de las víctimas, éstas quedan subyugadas ante su ascendiente. Es como el encantamiento de la serpiente ante la música de una flauta. A veces, cuando el manipulador percibe que la víctima está a punto de liberarse, comienza un juego de reconquista que la confunde.

Es frecuente escuchar: "… Después que le dije que quería separarme, cambió como de la noche al día". "Ahora parece un corderito, es increíble que éste sea el mismo hombre que me maltrató durante tanto tiempo". "Cuando me ve mal, comienza a tratarme bien y eso me confunde porque comienzo a alentar nuevamente esperanzas".

Es frecuente que la víctima piense: "¿Y si esta vez es cierto?". Pero no olvidemos que, como a los manipuladores les cuesta soltar la presa, tienen una percepción especial que se agudiza cuando ésta intenta migrar. Cualquiera haya sido la estrategia de seducción que le haya resultado efectiva en su momento, volverá a utilizarla, pero esta vez con variantes más sofisticadas.

Es necesario, entonces, no perder de vista el objetivo y no ceder, porque después del momento seductor, indefectiblemente viene la frustración.

- **Cuando la víctima no registra que el verdadero temor lo siente el manipulador**

Ya hemos dicho que el manipulador es un gran inseguro, que utiliza la descalificación para nivelar hacia abajo. Teme, entre otras cosas, ser superado en cualquier área. Su conducta manipuladora funciona como una defensa muchas veces inconsciente.

Volviendo al caso de Marcela...

El padre temía ser superado intelectualmente por sus hijos. Esto lo descubrió Marcela varios años después y con varios tratamientos terapéuticos mediante. Ya casada con un profesional y madre de tres hijos, encontró en su marido el apoyo necesario para cumplir su sueño. A los treinta y ocho años logró terminar una carrera universitaria. El día en que rindió la última materia, colmada de alegría fue a la casa de sus padres con actitud de revancha. Fue grande su asombro cuando su padre le preguntó: "¿Te recibiste de qué? ¿Para que sirve eso que estudiaste?". Marcela le respondió: "NO importa para qué sirve, me sirve a mí, es lo que me gusta". A lo que el padre retrucó riéndose: "¡Poné un cartelito en la puerta de tu casa diciendo que sos antropóloga y poné también un sombrero dado vuelta, así cada uno que pasa te tira una moneda! Yo no tengo terminada la primaria porque tuve que trabajar desde chico, sin embargo pude hacer una empresa que da guita".

En este caso, Marcela ya se había dado cuenta de que la descalificación de su padre se debía a su inseguridad, al temor a ser superado. Es por eso que pudo responder con cierta ironía: "¡Quedate tranquilo, papá, por las dudas, ya me anoté en un curso de manualidades!".

Aquí Marcela pudo "no engancharse" con los comentarios de su padre, porque su trabajo terapéutico había fortalecido su autoestima. Ella sabía y disfrutaba del valor de su logro.

• Cuando la víctima siente miedo a la soledad

¡Ah!, ¡la soledad tan temida!

Tanto se ha hablado de este tema y tanto se soporta en pos de no quedarse "solo" o "sola" que en Buenos Aires miles de espectadores vieron la obra de teatro *No seré feliz pero tengo marido*. Esta frase representa el pensamiento de muchas mujeres que permanecen junto a sus parejas por temor a la soledad.

Pero no siempre la soledad que se teme es una soledad de pareja. En ocasiones, salir del grupo familiar, considerado único recurso para no estar solo, suele transformarse en un conflicto de soledad mucho más doloroso, casi patético. Algunas personas poseen un comportamiento adolescente, realizando actos o adoptando conductas desacertadas, con el solo objetivo de ser aceptadas en un grupo de pertenencia.

Mario era una de esas personas. A pesar de sus cuarenta y seis años, vivía con su mamá y una tía, y pese a tener los recursos económicos necesarios, nunca se le había ocurrido independizarse. Si alguna persona hacía mención a lo extraño de la situación, solía decir: "¿Para qué?, la verdad es que me atienden mejor que en un cinco estrellas…".

Pero en su fuero íntimo sabía que si se iba, tendría que enfrentar la verdad: no tenía amigos y sus compañeros de trabajo no eran muy cordiales. Fue entonces cuando en el negocio de un cliente encontró un folleto que le cambiaría la vida. Comenzó a asistir a un taller de "Análisis e interpretación del cine almodovariano". Nunca le había interesado este tipo de grupos y mucho menos el cine de Almodóvar, pero sabía que asistirían muchas personas y veía la oportunidad de hacer amigos y por qué no, amigas.

Fue bien recibido y a pesar de sus temores fue "entrando en confianza". Casi nunca opinaba y si bien al principio trataba de pasar inadvertido, poco a poco, comenzó a hablar con los participantes y a tener gestos amables y solidarios con ellos. Acercaba una silla cuando hacía falta, colgaba abrigos, recogía las tazas, traía masitas, conseguía las películas, etc. La concurrencia en general estaba conformada por muchas mujeres, pero asistían tres o cuatro hombres de su edad o un poco mayores.

Uno de ellos, José, lo invitó al cine a ver la última película de Almodóvar y luego le propuso concurrir a un asado con sus amigos. Éstos eran muy simpáticos y lo aceptaron gustosos. Mario trataba de devolver con atenciones el lugar que le había dado su nuevo amigo. Al poco tiempo, José comenzó a llamarlo el "Turco", apodo con el que rápidamente lo reconocería todo el grupo. Cuando se atrevió a preguntar por qué lo llamaban de ese modo, José contestó sin ningún miramiento: "Porque sos obsecuente como un sirviente turco".

Ése fue el comienzo de un tipo de relación en la que José alternaba pedidos, elogios, sarcasmos, francas descalificaciones y chistes irónicos dirigidos a Mario. Éste, confundido, no sabía cómo interpretar el comportamiento de José y del grupo en general, que festejaba todas las ocurrencias. Se consolaba a sí mismo diciendo:

"A mí no me molesta… Son buenos muchachos, lo que pasa es que son jodones".[30] Sin embargo, poco a poco, su carácter, generalmente afable y divertido, se fue convirtiendo en una expresión de aislamiento e inseguridad. Conoció la peor de las soledades, la que se vive en compañía.

- **Cuando existe el miedo a no poder autoabastecerse**

Esto ocurre sobre todo en las mujeres que viven con hombres manipuladores. Como la persona manipulada no es consciente de su verdadero valor porque está depreciada (el manipulador se encargó de que así fuera), cree que no podrá proveerse el sustento. Una de las trampas más frecuentemente utilizadas es la del "bienestar" económico que generalmente resulta una carnada muy eficiente. La víctima soporta el maltrato pensando que tiene a cambio bienes materiales que no podría proporcionarse si viviera sola. Es un precio muy alto el que se paga por el confort. En el caso de las relaciones conflictivas de pareja, la dominación exige dos protagonistas: el que manda y el que obedece; pero también, el que da y el que recibe, el que **manipula** y el **manipulado**. La manipulación no depende exclusivamente de la voluntad de los manipuladores, la víctima tiene cierto grado de responsabilidad.

Éste es quizás el caso en el cual se percibe con mayor claridad la coparticipación de la persona mencionada como víctima. Ésta es la trampa de la seguridad económica en la que caen muchas mujeres por falta real de medios o simplemente por comodidad. El manipulador socavó su autoestima para que la víctima crea, entre otras cosas, que no puede autoabastecerse, y la comodidad hace el

---

30. "Jodón" en lunfardo significa 'chistoso, que le gusta hacer bromas'.

resto. Esto suena tristemente como una transacción comercial y bien podría verse como un acuerdo entre dos adultos. Pero no deja de ser un peligroso "acuerdo"; la salud muchas veces demuestra que no hay confort que reemplace la tranquilidad de una vida digna y apacible.

Lidia era una mujer culta de cuarenta y siete años, madre de dos hijos, ambos independizados económicamente. Soportaba de su marido Oscar, varios años mayor que ella, un constante maltrato. Según ella: "Oscar en el fondo es bueno; tiene mal carácter pero me quiere".

Al decir o pensar de muchos que la rodeaban: "Lidia **lidia** con la bestia". Para un observador ingenuo, eran dos personas que no tenían nada que ver la una con la otra.

Ella, artista plástica, no había logrado hasta ese momento un rédito económico, pero su obra comenzaba a ser conocida. Oscar, aun sin entender nada de pintura, siempre se burlaba de lo que ella hacía. Grosero y malhumorado, ella siempre temía que tuviera un exabrupto en presencia de otras personas; vivía en vilo. El maltrato y la descalificación eran moneda corriente.

Una vez, le confió a una amiga que se sobresaltaba con solo escuchar el ruido de las llaves cuando él llegaba a la casa.

Lidia sabía que debía separase, sin embargo, postergaba la decisión porque temía no poder sustentarse. Cuando pequeña había padecido la pobreza de sus padres y esta vivencia la había marcado a fuego. Por otro lado, recurrir a sus hijos le parecía humillante; además ellos trabajaban en la empresa de su marido y no quería tener que involucrarlos en caso de separase. Si bien sus nueras la apoyaban, esto le servía sólo para reconfortarla. Poco a poco la constante descalificación de su marido fue cumpliendo su objetivo: desestabilizarla.

Lidia dejó de pintar y poco después cayó en una fuerte depresión. Un día, al decir de su marido, "distraída" como era, "se equivocó" en la cantidad de medicación que debía tomar. Ésa fue también una descalificación hacia Lidia en su último acto. Meses después de su muerte, su obra ganó un premio internacional.

• Cuando existe miedo a lo que piense la gente

Como el manipulador suele generar hacia **afuera** una imagen ficticia de armonía, la víctima teme la censura de su entorno si decide alejarse. Por eso, si quiere no ser víctima de este tipo de violencia, lo mejor es **denunciar la situación** para que los otros cercanos estén alertados de lo que sucede a puertas cerradas. La vergüenza, una táctica especial de intimidación, es la hermana bastarda de la violencia. No se denuncia por vergüenza y la violencia se perpetúa.

Inés, mujer culta de cuarenta y cinco años, estaba casada con un abogado con aspiraciones políticas. La relación con su marido se había convertido en algo tortuoso desde hacía mucho tiempo, sin embargo ella no podía romper con ese vínculo enfermo. Inés pertenecía a una familia de la aristocracia que, además, era muy tradicionalista. Si bien había recurrido a su madre como confidente de sus penurias, la respuesta que encontraba era siempre la misma: "Mirá, todas las mujeres soportamos cosas parecidas, hemos nacido para sufrir y acompañar". "No podés separarte. ¿Qué va a pensar la gente de vos?". "Pensá en tus hijos…". "Los hombres son así, hay que aguantar". "Vos prometiste ante Dios estar junto a tu marido hasta que la muerte los separe, además esto podría perjudicarlo políticamente".

Su marido tampoco estaba satisfecho con la relación, persistía en continuar porque le convenía la imagen de seriedad de la familia de ella para escalar posiciones políticas. Mantenía relaciones extramatrimoniales cada vez que tenía la oportunidad. Incluso había llegado a oídos de Inés la versión de que una de sus amantes había intentado suicidarse después de que Carlos, (marido de Inés) decidió terminar con la aventura.

Cuando Inés le reprochaba su conducta, éste la negaba o la minimizaba. Incluso a veces le decía que estaba paranoica. Esta maniobra le permitía a él reafirmar y perpetuar su comportamiento abusivo y hacer que ella dudara de su racionalidad. Inés dudaba, y en esa duda llegaba a pensar que el comportamiento de su marido no era tan malo.

En esta situación, Inés era manipulada por su esposo y por su madre. Aunque le reprochaba a su marido su conducta, éste hacía caso omiso de los planteos. Mientras tanto ella sufría en silencio, era víctima de sí misma y de la situación de incomprensión. Lamentablemente, Inés no está en la lista de los que pudieron migrar. Dos manipuladores en su entorno y el miedo a lo "que piense la gente" la mantienen anclada a una situación que ella ve como irresoluble. Hace ya un tiempo que comenzó a beber.

• Cuando existe miedo a que el manipulador se enferme

Los manipuladores utilizan diferentes tácticas, entre ellas está la "enfermedad" y como la víctima tiene exceso de empatía, el decir basta a la situación se posterga indefinidamente. Esta combinación hace que la tolerancia de la víctima llegue a soportar situaciones cada vez más humillantes. A veces, son ellas las que se enferman realmente.

Juan, exitoso empresario, vivía con su esposa Marta, sus suegros (que habían perdido su casa después de un revés económico en el año 2001) y varias mascotas. Juan y Marta habían decidido no tener hijos porque ella decía que no quería estropear su figura con los embarazos. En realidad, la decisión era sólo de su mujer, Juan deseaba ser padre. Marta estaba marcada por una frustrada carrera como modelo, con la cual siempre flirteaba. Mientras tanto, Juan jugaba con los hijos de sus amigos y soñaba con que en algún momento Marta depusiera su actitud. Un día Juan tomó la decisión de hablar con ella para manifestarle su deseo de ser padre. Marta se indignó aduciendo que antes ya habían hablado sobre el tema y convenido en que no tendrían hijos. Desde ese día, Marta comenzó a tener fuertes dolores de cabeza y mareos. Después de un tiempo, de múltiples estudios para detectar el origen del problema y de diversas consultas a especialistas, el diagnóstico fue que padecía **jaquecas tensionales**.

Según la madre de Marta, "fue por el disgusto" que le dio Juan con su planteo. Cada vez que Juan intentaba dialogar con Marta sobre cualquier tema que ella quería eludir, la amenaza de una descompensación se hacía presente. Así vivieron varios años en los que Juan se daba cuenta de que ya no era feliz con su esposa, pero no se animaba a separase por temor a que su salud se resintiera. Tiempo después, Juan comenzó una relación extramatrimonial con su secretaria Romina, varios años menor que él. Esta situación sentimental lo hacía sentir muy culpable, pero no se animaba a hablar del tema con su esposa ni a terminar la relación con Romina. Se debatía entre la culpa y el desamor.

Unos meses más tarde y para sorpresa de Juan, Romina quedó embarazada. Para un observador externo que no conociera los pormenores del caso, resultaría sencillo suponer que Juan, estando enamorado de Romina y próximo a cumplir su sueño de ser padre, le pediría el divorcio a Marta y regularizaría su situación con Romina. Bueno, esto no sucedió; estaba aterrorizado pensando en la posibilidad de que su esposa se enterara y se enfermara. En su casa, se estremecía cada vez que sonaba el teléfono o recibían correspondencia, pensando que algún anónimo podría delatarlo. Comenzó a dormir mal por las noches, a estar inapetente, a sobresaltarse por cualquier cosa. Sentía terror de tener que enfrentar a Marta si ésta se enteraba de la relación con Romina y, sobre todo, del embarazo.

Juan ni siquiera pudo conocer a su hijo, una pancreatitis se lo impidió.

• Porque no puedo verlo sufrir…

Es importante recordar que muchas veces los manipuladores sacan ventajas generando la compasión en la persona elegida. La victimización es un recurso al que apelan para provocar la atención de quienes, que por su sensibilidad, no soportan ver sufrir a alguien. En su intento por aliviarles el padecimiento, resistirán todo tipo de demandas, incluso las que requieran hacer un gran sacrificio. Por otro lado, si en algún momento pensaran en romper el circuito, la persona manipuladora se victimizaría de manera más contundente. De esta forma el círculo se retroalimenta.

A veces este tipo de personas muy sensibles al sufrimiento del otro, dicen: "No lo voy a dejar ahora que me necesita tanto". "Si lo dejo, se muere". Algunos entrevistados relataron que habiendo tomado ya la decisión, sus parejas se sometieron a intervenciones quirúrgicas muy complicadas, con lo que demoraron la ruptura.

La experiencia indica que en los casos en los que la víctima quedó atrapada en la relación, su deterioro físico la llevó a la muerte antes que al manipulador.

- **Cuando se tiene miedo a las consecuencias**

Cuando se teme que el futuro pueda estar atravesado por represalias o persecuciones del manipulador, tomar la decisión de decir basta se torna muy dificultoso. Esto puede ocurrir, y es lógico que se sienta temor cuando hay hijos, ya que éstos pueden ser usados como medio para las amenazas del progenitor manipulador.

Tanto de padres como de madres se puede escuchar: "Si te vas de esta casa, ¡no ves nunca más a tus hijos!". "¿Sabés el daño que les hacés a tus hijos si te separás?". "Si no hay cuota alimentaria al día, ¡ni pienses en ver a los chicos!". "Te voy a denunciar por loca".

Ésta es una de las situaciones más comunes por la que se continúa muchas veces un vínculo perturbador para todos. Sobre todo en la actualidad, se observa que la "venganza" puede llegar a extremos tales como falsas acusaciones de abuso sexual. El panorama es tan complejo que da como resultado una inhibición de alguno de los padres: "Yo no podría estar todo el día con el corazón en la boca, esperando ver lo que se le ocurre...". "Gastaría todo lo que tengo en abogados...". "... Así no se podría vivir, sería un infierno peor que el que estoy viviendo". "¿Y si me saca a los chicos?". "¿Y si no me deja ver a los chicos?".

En toda ruptura de pareja se produce necesariamente un conflicto. Pero es importante saber que no debe forzosamente convertirse en una batalla campal. Dos personas adultas pueden darse cuenta de que mantener obligatoriamente la relación es un error, entonces, la separación puede convertirse en una suerte de liberación. Pero cuando uno de los dos se niega, por la razón que fuere, la escalada de violencia puede ser el camino de supresión de la tensión acumulada. Las personas vulnerables a la manipulación suelen temer tanto a la reacción del manipulador, a quien perciben como más poderoso, que desisten antes de comenzar.

Si bien la situación a enfrentar no es fácil, puede tomarse como un paso más del proceso y se puede actuar con precaución y previsión.

Las personas sometidas a manipulación sufren y desean modificar la relación, sin embargo, no lo logran. Sostienen el círculo vicioso y perciben que la habilidad del manipulador obturó toda vía de escape con lo que generó situaciones que dificultan el alejamiento.

¿De qué forma? ¿Cuándo?

- Cuando los manipuladores se ganan el cariño de los que rodean a sus víctimas.
- Cuando el pasado se cobra nuestro presente.
- Cuando una situación deja a la víctima más vulnerable.
- Cuando la seducción está al servicio de la reconquista.
- Cuando la víctima no registra que el verdadero temor lo siente el manipulador.
- Cuando la víctima siente miedo a la soledad.
- Cuando existe el miedo a no poder autoabastecerse.
- Cuando existe miedo a lo que piense la gente.
- Cuando existe miedo a que el manipulador se enferme.
- Cuando la víctima no soporta ver sufrir al manipulador.
- Cuando se tiene miedo a las consecuencias.

CAPÍTULO 6

Las justificaciones que se usan
para no decir basta

> "No hay nostalgia peor que añorar
> lo que nunca jamás existió".
> JOAQUÍN SABINA

Aparte de las razones que mencionamos en el capítulo anterior, y por las que resulta difícil romper un vínculo patológico, nuestra investigación puso en evidencia otros testimonios empleados por los entrevistados, a veces, casi como justificaciones. Por su recurrencia decidimos que era importante que figuraran como un apartado.

- **Tenemos muy buen sexo...**

Esta justificación es una de las más usadas, pero también una de las más erróneas. En el momento de la relación sexual, se establece una lucha de poder que, en el mejor de los casos, culmina con la victoria de ambos. Lamentablemente, esto no ocurre entre manipulado y manipulador. Quizás sea la única ocasión en la que la víctima sienta que es importante aunque sea por unos minutos. La mala noticia es que, en muchas oportunidades, el manipulador que no reconoce al otro como persona, lo utiliza egoístamente para su satisfacción y convierte lo que debería ser un disfrute compartido en un acto onanista. La intensidad de la emoción inunda el psiquismo del manipulado, que sufre de "amnesia temporal". Se

107

desvanecen de su memoria los momentos de maltratos, destratos y descalificaciones que vive en el lapso que va entre una relación sexual y otra. Por esa razón el manipulado se autoconvence de que esos minutos "compartidos" justifican la permanencia en la relación.

Daniel y Carina mantenían una relación de esas que son muy difíciles de definir. No eran esposos, ni novios, ni amantes y al mismo tiempo eran un poco de cada cosa.

Frecuentemente, después de cada pelea, se distanciaban: "Esta vez es en serio... se acabó", decía ella, pero al poco tiempo volvían a estar juntos. Juntos pero no felices, por lo menos en lo que concernía a Carina.

Daniel se mostraba indiferente respecto de las necesidades o los gustos de "su pareja" y llegaba a ignorarla en las reuniones de amigos, en las que sólo parecían despertar su atención las situaciones en las que pudiera burlarse de ella.

Después de cada ruptura, se repetía el "no va más" que ya nadie creía. Como la razón que siempre esgrimía Carina para argumentar la reconciliación era "tenemos un sexo fantástico", una amiga, cansada de la situación le contestó: "Pero, nena, sacá la cuenta de las horas que tenés sexo en una semana, comparalas con las que te la pasas llorando porque no te da pelota[31] y fijate cómo te da el balance".

• En el fondo no es malo…

Quizás ésta sea una de las excusas más ingenuas y riesgosas porque, si bien quisiéramos creer que "en el fondo" no es malo, todas sus víctimas viven "en el hall de entrada".

31. "No dar pelota", argentinismo que significa 'no prestarle atención al otro'.

¿Por qué decimos esto? No se debe tolerar vivir mal sólo porque se supone que el otro no tiene mala intención. Si una persona arrasa psíquicamente a otra, **¿qué es lo que la diferencia de alguien malo?**

Si es bueno sólo en el fondo… ¿es necesario soportar su conducta? Recurrentemente el manipulado justifica acciones reprochables del manipulador, atribuyéndole motivos que argumentan su conducta o recordando y reactualizando gestos afectuosos o afables que el manipulador ha tenido en algún otro momento para con él.

Son muchas las oportunidades en las que la persona manipulada sufre porque siente vergüenza ante la conducta que el manipulador manifiesta en público.

Elba, una mujer encantadora y una profesional prestigiosa, regresaba de un viaje de trabajo junto con otros colegas. Su marido había ido a recibirla al aeropuerto. Gesto que, en general, podría ser tomado como una muestra de compañerismo y de afecto. Esta actitud quedó desvirtuada cuando Elba solicitó a su esposo que la ayudara con el equipaje. Con un ademán de impaciencia y ante la mirada atónita del resto de la comitiva, éste contestó casi a los gritos: "Pará, Elba, pará, no ves que estoy hablando por teléfono… y es de trabajo", mientras marcaba el número de un cliente para invitarlo a cenar a su casa al día siguiente. Los colegas de Elba sintieron vergüenza ajena.

Al día siguiente ella, minimizando el episodio, justificaba a su marido ante ellos diciendo: "Es que está con mucho trabajo y encima se tomó el tiempo para ir a buscarme… Cuando se lo hice notar quedó tan mortificado el pobre, él es buenísimo… ustedes no lo conocen pero…".

Por otra parte, no es descabellado pensar que las justificaciones que la víctima esgrime para autorresponsabilizarse se deban más al trabajo de inteligencia que ha hecho el manipulador para socavar su autoestima, que a un hecho objetivo. Es bueno recordar que el manipulador utiliza constantemente estrategias para culpabilizar a los otros. Es un experto en eso de poner la culpa afuera: "Mirá lo que me hiciste hacer, vos me hacés enojar y yo me descontrolo". Puede tratarse de un jefe, del marido, de la suegra, de un amigo o amiga, etc. Para el caso da lo mismo.

• **A su manera me quiere...**

Los manipuladores sólo se prefieren a sí mismos. A los demás los quieren en la medida en que sean funcionales a sus requerimientos. Es necesario ser realistas y darse cuenta de la forma en que "aman". Tanto pueden usar el tono imperativo, como el dulce y seductor o hasta el silencio mismo, pero siempre está presente el reclamo exigente: "Aquí estoy, ¡ámenme!". Un manipulador no ama de la manera en que se entiende el buen amor; se posesiona de los otros haciéndoles creer que los ama. "Quiere" a una persona o a un séquito a su alrededor para llenar su vacío existencial.

La víctima está carenciada afectivamente y "quiere creer" que el otro la ama, "necesita creerlo", por eso tolera y se autoengaña. Esto le sirve momentáneamente. Después de la siguiente desilusión, la frustración se hace presente.

Podemos comprender mejor este concepto con relación al caso de Elba. Ella necesitaba ser tenida en cuenta, ser amada. Por esa razón minimizaba las actitudes desconsideradas de su esposo. Si bien es fácil suponer que sufría y se avergonzaba ante los desaires, generalmente públicos, de su esposo, **necesitaba** justificarlo, no tanto frente a los otros como ante sí misma. Incluso podía disfrazarlos de "cuidados", "celos", "preocupación", etc. De no hacerlo debería enfrentarse al fantasma tan temido: **no la amaban, o lo que es peor aún, era rechazada por no merecerlo.**

- **Yo creo que puede cambiar…**

Nadie cambia espontáneamente y menos un manipulador. Para este tipo de persona, la manipulación es un medio de conservación o supervivencia. Pensar que puede cambiar "cuando…" es una ingenuidad. Por otro lado: **¿por qué razón cambiaría si obtiene los resultados que desea?** Ya sea intimidando, seduciendo o victimizándose, logra ser el centro de atención y consigue sus objetivos. Esto quedará más claro con un ejemplo.

Luis se reunía semanalmente con un grupo de amigos para jugar al póquer e ir luego a cenar. Un día, al salir de la reunión de cartas, camino del restaurante, uno de ellos, Jorge, se torció un pie mientras bajaba la escalera. Como le costaba mucho apoyarlo, decidió ir a la guardia de un sanatorio cercano. Luis se ofreció a acompañarlo. Al llegar y viendo que había mucha gente esperando, Luis le dijo a su amigo: "Dejame que yo hablo con la enfermera". Se aproximó a ella, le habló en voz baja y se abrió la camisa. Atendieron a Jorge de inmediato. No era nada importante. Ya camino al restaurante se suscitó el siguiente diálogo:

Jorge: Gordo, ¿qué le dijiste a la enfermera para que me atendieran antes que a los otros?

Luis (*riéndose*): Saqué el ancho de espadas, le dije que había tenido una operación a corazón abierto dos meses atrás y que no podía permanecer allí mucho tiempo. Sabés cuántas cosas me soluciona esta cicatriz.

Jorge (*entre sorprendido y molesto*): ¿Para qué lo hiciste?... Yo podía esperar.

Luis (*categóricamente*): Ah, claro... y llegar tarde a la cena... Vos hacés todo por derecha y te toman de boludo[32]".

Jorge: Vos no cambiás más, yo pensé que haber estado cerca de la muerte te haría actuar de otra manera, pero...

- ## Yo creo que "lo" puedo cambiar...

Nadie tiene derecho a cambiar a nadie, a lo sumo puede modificar su propia actitud y tal vez esto provoque un cambio indirecto en el otro. Por otra parte, creer que una persona puede cambiar a un manipulador es una trampa de omnipotencia que se vuelve en contra del que lo intenta. Es como ponerse en pareja con el legendario "Che" Guevara e intentar afeitarlo y vestirlo de traje.

Andrea, joven profesional de la salud, conoce en una reunión de amigos en común a Gonzalo, socio en una agencia de publicidad. Hablando de la primera impresión que le había causado dice: "Era algo raro, por una parte me resultaba simpático y divertido, por otra me agotaba, no paraba de hablar de sus hazañas, sobre todo amorosas". Dice Andrea que casi sin saber cómo al poco tiempo estaba inserta en una relación que no podía definir. "No sabía si éramos amigos, novios o qué... Por temporadas nos veíamos a diario y me llamaba mil veces por teléfono, después desaparecía por un tiempo. (...) Los amigos que lo conocían me decían que era así, que nunca iba a cambiar, que no me hiciera ilusiones, que no era para mí. (...) Yo no sé qué me pasaba, creía que podía cortar, pero cuan-

---

32. "Boludo", en lunfardo argentino significa 'lento de entendimiento y de acción'.

do me llamaba y me prometía que esta vez sería diferente... yo le creía. (...) Cuando me puse firme en que no seguiría si no hacía terapia, él no tuvo inconvenientes y comenzó a asistir a un centro psicológico. Después me enteré de que fue dos veces, pero durante un año y medio yo aposté a su cambio... y perdí".

A todas las personas les resulta difícil cualquier modificación en su propia conducta, sin embargo, la idea generalizada es que pueden llegar a modificar las conductas de los demás. Otro de los errores frecuentes es no tomar en cuenta los rasgos de personalidad y, por lo tanto, la conducta de la persona elegida. Por eso, en los vínculos por elección, antes de iniciar una relación hay que aprender a leer los antecedentes.

• **En nombre de los hijos**
"Es el padre de mis hijos, sé que si me separo ellos sufrirían".
Nadie valorará su padecimiento. Por otra parte, los hijos sufren más en familias cuyos vínculos son tortuosos. Es común escuchar a gente que se sorprende porque, contrariamente a lo que creían, la relación con sus hijos mejoró después de terminar una relación de sometimiento. Remitiendo nuevamente a Aguilar, éste dice en su libro: "Y así, con la naturalidad que da la ausencia de rencor, las ideas preconcebidas y las presiones sociales, un día una niña se acerca a ti y te explica, con una sonrisa en los labios, que tiene dos casas y que en cada una de ellas tiene juguetes, que en cada una de ellas tiene un papá y una mamá, aunque sabe que sólo uno de ellos es su papá y su mamá de verdad, que en cada una de ellas la quieren y que el próximo viernes su papá la llevará a jugar a la casa de los abuelos, que son los papás de su papá.

"Es entonces cuando comprendes que, en algunas cosas, nos llevan mucha ventaja a los adultos".

Todos deseamos que los niños crezcan en un hogar funcional y, si es posible, tradicional. Pero si la realidad impone una modificación a este deseo, es importante recordar que los niños tienen recursos. Pero apelarán a ellos siempre y cuando no sean utilizados en una lucha en la que se pierda de vista que la prioridad debe ser la salud psíquica de todos, especialmente la de los niños.

Una terapeuta nos facilitó este recuerdo:

"Nunca olvidaré la expresión de Norberto, un médico de 38 años dedicado a la gastroenterología. Estaba transitando una crisis matrimonial. Su esposa controlaba todos y cada uno de sus actos, lo que afectaba su vida personal y aun la profesional. Quería separarse, pero su preocupación mayor era cuánto afectaría esto a sus hijos, dos varones de nueve y siete años.

"Si bien ésta es generalmente la inquietud que todos los padres expresan, en el caso de Norberto se percibía con una intensidad fuera de lo común. 'La cosa está muy mal entre nosotros, pero los chicos nunca presenciaron una pelea… En eso soy muy cuidadoso'. Como muchos adultos, Norberto no creía en 'el estar al tanto' de los niños. Ante la sugerencia de que recordara momentos de su infancia en los que se hubiera sentido inseguro respecto de la relación de sus padres, quedó un rato pensativo y comenzó a decir: 'Ellos discutían y decían siempre que se iban a separar, muchas veces estuvieron a punto de hacerlo'.

"La terapeuta le señaló que probablemente era el sufrimiento que estas reiteradas amenazas de separación le habían producido, lo que lo había marcado de tal modo, que sólo el hecho de plantearles la posibilidad de una separación a sus hijos se le hacía insoportable. Entonces, sorpresivamente, Norberto se llevó las manos al estómago gritando: '¡NO! (...) Me duele, me duele mucho, no aguanto más'. Era inevitable la pregunta de la terapeuta: '¿Qué es lo que no aguantás más, Norberto?'. Entonces, rompiendo a llorar, Norberto pudo decir: 'El mismo dolor... es el mismo dolor... lo que sentía cuando los veía volver de la mano como si nada pasara... Eso me jodía... que volvieran a estar juntos como si se llevaran bien... ¡eso era hipocresía, era pura mentira! Y yo también le miento a mis hijos, yo también soy un hipócrita'.

"Norberto continuó en terapia con el objetivo de separarse con el menor perjuicio posible. Actualmente, sus hijos se encuentran bien y la relación con su ex pareja es apacible".

- **Porque son mis hijos...**

Muchas mujeres, sobre todo las de algunas etnias en particular, han sido socializadas en la valoración del sufrimiento. "Después de todo, son mis hijos. Si no me sacrifico por ellos, ¿por quién lo haría?". ¡Olvídelo!, NO es necesario sufrir. En cambio, SÍ, es importante aprender a disfrutar.

Los padres y madres, por razones naturales, tenemos en nuestra "cuenta corriente" de la vida, "menos saldo" que los hijos. Por otra parte, muchos de los considerados rasgos de altruismo o abnegación son, en realidad, manipulaciones de las madres para hacer responsables o culpables a sus hijos.

Un ejemplo de esta manipulación de "doble mano":

Matías, joven adolescente de diecinueve años, manipulaba a su madre para conseguir que se le pagara una universidad privada después de haber fracasado el año anterior en la universidad pública. Lejos de reconocer que nunca había dedicado tiempo ni atención al estudio, Matías, como muchos jóvenes, atribuía toda la responsabilidad por el fracaso a que "la facu es un despelote".[33] Su padre intentaba hacerle reconocer su falta de compromiso, mencionando el hecho de que su hermana estaba ya en tercer año de Derecho y además lo ayudaba a veces en el negocio. Era allí cuando Matías manipulaba a su mamá, con el recurso de la supuesta preferencia que su padre tenía por la hermana. "Lo que pasa es que para él siempre lo que hace Analía está bien y todo lo que yo hago o digo está equivocado... Siempre es igual... Es la nena de papá, vos me entendés, ¿no? Porque a vos te hace lo mismo... Nunca te da bola.[34] Siempre se hace lo que Analía quiere".

La madre consiguió que Matías asistiera a la universidad elegida por él. Y de inmediato comenzó a cobrar ese servicio, primero victimizándose: "Ya no puedo ir a la peluquería... Dejé el curso de cine..., ni a yoga voy. Vos sabés cómo es tu padre y yo le dije que tu facultad saldría de mis ahorros... Lo menos que podés hacer es llevarme a casa de tía Ruth, además sabés que ella da mucha importancia a los estudios y si un día no llegamos para pagar la facultad, ella nos ayudaría...". "Podés quedarte un día ¿no? No me siento bien y ya sabés que con tu padre no cuento... igual que vos".

Como vemos, el juego de manipulaciones puede darse entre dos y a veces más personas. En general, esta práctica no sólo es nociva para los participantes, sino que también conduce a formar alianzas que pueden terminan en la división de la familia. Además, cuando no aceptamos ser manipulados, cuando podemos poner

---

33. Se refiere a la desorganización que pudiera existir en la facultad.
34. Argentinismo que significa que no presta atención a un requerimiento.

límites acertados, ganamos el respeto de los hijos y como plus les damos una lección de vida.

- **Porque me protege, a su manera, pero me protege...**

No hay diversas maneras de proteger, hay una sola: "adecuadamente"; lo demás no sirve. Muchas veces se confunde **protección** con **control**. "Mi marido es súper protector, no termino de salir de casa y ya está llamándome para ver cómo estoy... Mi ex marido no me llamaba en todo el día". "Me cuida a mí más que a mis hijos". "Quiere que le informe cómo va a ser mi agenda cada día, está pendiente de mí". "Poco a poco, me voy volviendo transparente, a veces siento que voy a desaparecer. En cambio él vive pendiente de mí".

"No sé por qué, pero un día, salía para hacer las compras cerca de casa, y me di cuenta de que caminaba en puntas de pie, como si me quisiera escapar... pero él que estaba mirando la televisión, igual me escuchó y me dijo: '¿Adónde vas? ¡Ah! Voy con vos'. Me sentí muy mal, soy una desagradecida". "A mis amigas les parece que es demasiado..., pero creo que ellas lo dicen porque los maridos no son tan atentos..., en realidad deben sentirse muy solas".

Si la víctima es una persona que sintió que no era importante para nadie, puede aceptar una situación de control por parte del manipulador, creyendo que de alguna manera, éste se ocupa de ella. Sólo después de darse cuenta de que no puede tomar ninguna decisión por sí misma o hacer un cambio imprevisto sin el consenso del manipulador, tomará conciencia de que eso que creía cuidado, en realidad, era sólo control.

Muchas veces sienten vergüenza frente a los otros por su eterna dependencia de la opinión del manipulador. Muchas víctimas sufren incluso la burla de sus pares o amigos por recibir veinte llamadas en medio de una reunión o una severa reprimenda si no las responde.

No es posible amar a alguien sólo por sentir que se es importante para él o ella.

- **Porque es lo que me tocó…**

La elección de una pareja no se produce por el azar. A nadie "le toca la bolilla" que determina que hay que permanecer **sosteniendo** una relación insatisfactoria.

En una oportunidad, una prestigiosa actriz ya desaparecida, opinó acerca del matrimonio: "En el matrimonio pasa igual que cuando se compra un melón, uno lo huele, lo sacude, lo acaricia, lo aprieta…, pero hasta no abrirlo no sabe si está bueno. Y a veces está perfecto, otras veces hay que quitarle un pedazo… y a veces, no hay más remedio que tirarlo a la basura".

En algunas oportunidades es posible restaurar una relación defectuosa; en otras, lamentablemente no.

Tampoco hay que resignarse a mantener vínculos no elegidos como los lazos de sangre; si éstos son severamente perjudiciales. La creencia sostenida de no poder modificar dichas relaciones suele ser la excusa esgrimida para no actuar en consecuencia.

Los vínculos de sangre son invariables, pero esto sólo es en términos de filiación.[35] Uno puede llegar a transformar el vínculo cuando descubre el perjuicio que éste le produce. Con la modificación del propio comportamiento, en el sentido de no seguir repitiendo el circuito nocivo, se puede lograr que la persona que nos afecta modifique en algo su conducta o, al menos, que su comportamiento no nos entrampe.

---

35. Se es el hijo de…; la madre o el padre de…; el hermano de…; etc.

Es decir, usted está a merced de su propia decisión. Es necesario advertir que éste es un proceso y que, como tal, no es posible realizarlo de un día para el otro. Es como un camino a transitar, cuyos escollos requerirán mucha paciencia y constancia para ser superados.

- **Porque todos son iguales**

La especie humana tiene una variada gama de individuos. No es cierto que "todos sean iguales", pero hay personas que dicen: "Me tocan todos a mí". Algunos individuos son una especie de "pararrayos", porque reciben todas las descargas eléctricas, es decir, se topan siempre con especímenes fallados. Es necesario reflexionar sobre el porqué de esta reincidencia. Sería bueno repasar las características de la vulnerabilidad propia.

Flavia, una hermosa joven de veintisiete años, recién recibida de licenciada en Ciencias de la Educación, comentaba en una reunión de amigas su lista de lo que ella llamaba: VID (Varones Inimputables Desaparecidos). "… Aparte las siglas vienen bien, porque son retorcidos como la vid". A pesar de la gracia con que se manifestaba, era fácil percibir su frustración y su resentimiento.

Su historia amorosa se remontaba a la escuela secundaria. En tercer año se había puesto de novia con el "galán" del curso: Federico. Seductor, simpático, fanfarrón, era el blanco de las miradas de todas las chicas. Flavia se sintió muy importante cuando fue la elegida, y más cuando sentía que Federico dependía de ella (hacía sus tareas y lo justificaba ante los profesores por sus inasistencias). La supuesta dependencia duró hasta que Federico recaló en otro puerto, no sin antes decirle que no soportaba sus *brackets*.

Luego llegó Diego, que se mostró protector desde el primer momento. Tanto, que comenzó a llevarla y traerla a y de todos los lugares a los que Flavia concurría, y cuando no podía hacerlo la convencía para que no fuera. Despareció ofendido cuando ella concurrió a un cumpleaños al que le había dicho que no iría.

Germán parecía diferente, realmente lo vivió como un alivio después de la experiencia con Diego. Nunca le exigía dejar de hacer algo, por el contrario, en general dejaba todas las decisiones en manos de Flavia. Se alejó argumentando que ella era demasiado autosuficiente.

Después llegó… En todos los casos Flavia, portadora de una ingenuidad peligrosa, se sobreadaptaba a las características de sus parejas. Por esa razón, consideramos muy importante aprender a leer tanto los antecedentes propios como los ajenos.

- **Porque no puedo… ¿se puede?**

¡Por supuesto que se puede!

Tener una deficiencia en la autoestima genera una distorsión en la percepción de uno mismo. Las personas vulnerables tienen sentimientos de impotencia, de incapacidad y de ineptitud, que las llevan a ver los posibles logros como inalcanzables. Esto nos indica que el camino a seguir es el trabajo personal en la autoestima. Reconocer las verdaderas posibilidades y examinar los recursos con los que se cuenta para afrontar cualquier decisión.

Como dice la canción: "Saber que se puede, querer que se pueda, quitarse los miedos, ponerlos afuera…". [36]

---

36. "Color esperanza", muy exitosa canción popularizada por Diego Torres, http://www.youtube.com/watch?v=ppSk8IKXtm8.

¿Cuándo puede operarse el quiebre de la situación de dominación?

Sólo después de "darse cuenta" de que se **está siendo dominado**.

Esto puede parecer una obviedad, pero mientras se está bajo la influencia de una persona manipuladora, las capacidades están disminuidas.

Cuando se registran las heridas psíquicas sufridas por el destrato o maltrato, llegó el momento de aplicar **tolerancia cero**.

Si alguien se siente encadenado a una relación con una persona manipuladora no debe ignorar que siempre hay una salida. Es importante saber que para poder salir de la trampa en que se siente encerrado, para liberarse, debe reconocer en sí mismo las características que hacen que personas normales se conviertan en víctimas de la manipulación.

Sólo sabiendo que no está loca/o y reconociendo sus debilidades y fortalezas podrá recrear el maravilloso proceso de la vida. Ésa debe ser la meta a alcanzar. La venganza no sirve. Lo que sí sirve es la vida plena y feliz convertida en un verdadero acto de desagravio y reparación compensatoria. Es necesario saber que se puede. Si durante mucho tiempo el miedo impidió que una persona se diera cuenta de sus valores o hizo que los evaluara distorsionadamente, llegó el momento de modificar la situación. Si alguien no se siente capaz de tomar una decisión, probablemente el miedo aún esté bloqueando el registro de sus propios recursos y aptitudes. Por eso la primera decisión antes "de poder decidir" debe ser volver la mirada a sí mismo para re-conocerse. Es decir, para conocerse nuevamente.

Eso implica asumir la responsabilidad de iniciar el trabajo en la propia **autoestima**.

Las justificaciones operan como trabas a la situación de cambio. Algunas de las más frecuentes son:

- "Tenemos muy buen sexo…". La víctima suele sostener la falsa convicción de ser, al menos en ese momento, importante para el manipulador.

- "En el fondo no es malo…". La persona manipulada se imagina guiones de novela para justificar las actitudes manipuladoras.

- "A su manera me quiere". La carencia afectiva hace que la víctima se autoengañe. De alguna manera es validar el "porque te quiero, te aporreo".

- "Yo creo que puede cambiar". Es posible, pero sólo si el manipulador lo desea. Aun así, esto es improbable que suceda.

- "Yo creo que 'lo' puedo cambiar". Es la trampa de la ingenua omnipotencia.

- En nombre de los hijos. Los hijos suelen sufrir más en familias cuyos vínculos son tortuosos.

- "Porque son mis hijos…". El sufrimiento y la sumisión no son la condición para ser buen padre o madre.

- "Porque me protege, a su manera, pero me protege". No se debe confundir protección con control o dominio.

- "Porque es lo que me tocó…". Creer que nos está determinada una relación insatisfactoria es una creencia irracional que promueve la inacción.

- "Porque todos son iguales". Repasar nuestras vulnerabilidades a la hora de elegir para no caer en la reincidencia.

- "Porque no puedo… ¿se puede?". Pensar que no se puede se convierte en una barrera que impide el crecimiento y que está formada por resignación, miedo, y algo de comodidad.

El punto de enganche entre ambos patrones de conducta

"La vida no es la que uno vivió,
sino la que uno recuerda,
y cómo la recuerda para contarla".
GABRIEL GARCÍA MÁRQUEZ

Con semejanzas y diferencias, manipulador y manipulado se sienten incapaces e incompetentes frente a su propia inseguridad. Ambos son desnutridos emocionales, porque no recibieron los nutrientes afectivos necesarios para desarrollar una adecuada **autoestima**. A pesar de tener esta característica en común, uno y otro parecen vivir en dos realidades psicológicas disímiles. Sus carencias tomaron distintos caminos de resolución. El manipulador ejerciendo el poder sobre quien percibe como vulnerable y el manipulado entregándolo a quien percibe con autoridad.

La diferencia de resolución en la carencia afectiva de ambos también se observa en la forma de amar de cada uno. El manipulador exige: **"amame"**. La persona manipulada se pregunta: **"¿Seré digna de que me ames?"**.

PERO… ¿QUÉ ES LA AUTOESTIMA?

La autoestima es la forma en que estimamos nuestro modo de ser. No es la estima afectiva, sino la **estima valorativa**: "cuánto estimo que valgo yo ". Es decir, cómo valoramos el conjunto de rasgos corporales, mentales y espirituales que configuran nuestra personalidad.

La autoestima es un proceso que se construye y reconstruye internamente, con el objetivo de aprender a aceptarnos y respetarnos. Lograrlo depende principalmente del ambiente familiar en el cual fuimos socializados y de los estímulos que éste haya brindado. En tal sentido, es importante recordar que **ninguna forma de maltrato es educativa** y ningún mensaje o comunicación que culpabilice, critique, acuse, insulte o reproche, es un buen estímulo para nadie, y mucho menos para un niño.

Una persona que haya recibido mensajes de desvalorización o de desconfirmación en su vida infantil, probablemente desarrolle su autoestima en forma deficitaria. Las investigaciones sobre el tema coinciden en señalar que en los casos de violencia familiar se observa que tanto víctimas como victimarios poseen muy baja autoestima. La víctima, por un lado, no está en condiciones de poner límites al maltrato y, en muchas ocasiones, por no conocer otras formas relacionales, ni siquiera lo registra. Esto provoca una actitud derrotista que impide enfrentar o argumentar una defensa ante un oponente manipulador. Por otro lado, los victimarios intentan compensar sus sentimientos de inferioridad, maltratando y abusando a quienes perciben como más débiles.

¿POR QUÉ LA AUTOESTIMA ES TAN SIGNIFICATIVA?

La autoestima es también responsable de éxitos y fracasos en la vida de un individuo, ya que según sea apropiada, o no, potenciará capacidades o sentimientos de inadecuación. Tiene también relación directa con el nivel de seguridad personal, lo que la vincula a un concepto positivo o negativo de sí mismo. Autoestima y estado de ánimo suelen ascender o descender de modo equivalente.

Una deficiencia en la autoestima genera frecuentemente sentimientos de impotencia, de incapacidad y de ineptitud, que llevan a ver los posibles éxitos como difíciles o imposibles de lograr. Los sentimientos de culpa, de vergüenza o de insatisfacción ante algo que se ha hecho o se ha dejado de hacer, son aprovechados por el manipulador para mortificar a su víctima y obtener de esta forma un efecto demoledor en su ya frágil autoestima. La vida de una víctima queda prácticamente reducida a la de un **ser casi sin ser**.

¿Qué pasa con la autoestima de los manipuladores?

También ellos carecen de autovaloración. Enmascaran su inseguridad afectiva tratando de mostrar **alta autoestima**, cuando, en realidad, no la poseen: "Dime de lo que pregonas y te diré de lo que careces".[37] Los manipuladores suelen vivir con la angustia propia de la deprivación afectiva, esto los lleva a asumir conductas de dominación. Es por eso que fuerzan a otras personas a que se ocupen de calmar su angustia cubriendo sus necesidades, los ponen a prueba, suelen exigir, retener, amenazar y tiranizar para "asegurarse" de que los otros no los abandonen. Les exigen que llenen el vacío que dejó el abandono sufrido en la infancia. Todas estas carencias se traducen en una imagen egocéntrica y poderosa, aun cuando usan la estrategia de la victimización. Por extraño que parezca, cuando se victimizan también lo hacen desde el ejercicio del poder. Éste es un gran esfuerzo que realizan para no denotar su

---

37. Refrán muy popular en la Argentina.

inseguridad. Se trata de una personalidad "insuflada" que, como ocurre con el dinero en una inflación económica, parece mucho, pero en realidad vale muy poco.

A continuación desarrollaremos este tema intentado plantear algunos aspectos para trabajar la autoestima, pero no desde el "tú puedes" vacío de significado, sino proponiendo un arduo trabajo de reconocimiento, que bien vale la pena intentar. Creer que con solo repetir "yo puedo" se aumentará la autoestima es una ingenua ilusión. Sin lugar a dudas es válida la intención, pero, además de desear poder, es importante desarrollar los recursos necesarios para lograrlo.

Autoestima versus el "yo puedo" vacío

El desarrollo de la autoestima no es un proceso acabado, no es una instancia que se alcanza de una sola vez y que queda determinada para siempre. Es un proceso dinámico que se modifica inacabadamente. La autoestima no aumenta por **creer** que uno ES lo que NO ES, como proponen algunos gurús. Justamente la verdadera valoración consiste en aceptar lo que UNO ES. Éste es el punto inicial para comenzar a trabajarla.

Es importante reconocer que los seres humanos poseemos tanto capacidades buenas como otras que no lo son, pero que eso no nos hace mejores ni peores personas.

Será necesario, entonces, trabajar para mejorar las capacidades que se observen disminuidas o que sea conveniente modificar. Pero es fundamental destacar que este esfuerzo a emprender depende de una decisión personal. Se debe trabajar para mejorar las propias capacidades, pero no para ser como a otras personas les gustaría que uno fuera. La autoestima no se construye para complacer los deseos de los otros, sino por un deseo propio. Si **no quiero, no puedo** por más que los otros me incentiven. De nada sirve el "tú puedes" si no estoy convencido de que "quiero y puedo".

Es posible intentar el cambio comenzando por **aprender a poner límites.** Precisamente, uno de los inconvenientes más importantes que enfrentan las personas vulnerables a ser manipuladas, es su dificultad para poner límites. Muchas veces su característico temor a los conflictos les impide ponerlos, ya que es frecuente que confundan poner un límite con un acto agresivo. Evitan hacerlo porque suponen que para lograrlo deberían enojarse, levantar la voz o hacerlo de una manera tajante y terminante. No es necesario de ninguna manera gritar, exigir o pelear. Eso sólo señalaría el tiempo que se estuvo demorando, almacenando, la necesidad de poner un límite. De nada sirve juntar bronca y explotar luego como un volcán en erupción. Éste es un indicador de que todavía, **y sólo todavía,** no se aprendió a hacerlo correctamente.

Uno **puede y debe** poner límites de manera afectuosa. Es necesario recordar que un límite no es sólo una marca que separa lo propio de lo ajeno. Es una frontera que señala hasta dónde se permite que alguien entre en el propio territorio emocional y que también limita el propio actuar intrusivo en el territorio emocional de los otros. En resumen: poner un límite no es unidireccional, sino una frontera que regula el sano **intercambio** entre dos o más partes. Esto implica que tengo derecho a decir NO, pero también debo admitir el NO de los otros. Si imagináramos un mundo sin fronteras, sería un mundo sin identidad.

Entonces... ¿ya está todo dicho?

La autoestima se constituye a partir de la relación con los otros, es decir, primero fuimos estimados, valorados por los otros, y luego internalizamos esa percepción. Esto no significa que las personas que no fueron estimadas adecuadamente en su infancia estén condenadas de por vida a tener una autoestima baja. De ninguna manera esto es así, la autoestima es dinámica, está sujeta a una constante modificación. Si bien consideramos que los cimientos están echados, podemos hacer las reformas que necesitemos. Es como comprar un departamento semidestruido para refaccionarlo, remodelarlo y decorarlo a nuevo. Los cimientos serán los mismos, el resto habrá cambiado para mejorar.

Debemos reconocer las diferencias entre las estructuras y los hábitos. Estos últimos son las conductas que debemos cambiar. Por supuesto que cambiar hábitos, aun los cotidianos y simples, significa un gran esfuerzo. Pero decir que es difícil no significa decir que **es imposible**.[38]

No se debe creer que por "lo que yo sufrí en la infancia", "por el tipo de educación que tuve", una persona esté condenada de por vida a ser de una manera determinada y a no poder modificar-

38. Para Pierre Bourdieu, "... los actos no son el resultado de razonamientos premeditados, sino la manifestación de costumbres adquiridas. En la medida en que somos seres sociales, engendrados en una clase y bajo determinadas condiciones objetivas, inculcamos una serie de disposiciones, marcos mentales y principios para la acción que luego reproducimos en la práctica. A este decantado de la experiencia, Bourdieu la llamó habitus. (...) el habitus determina las elecciones, los gustos y las oportunidades de triunfar o fracasar en la sociedad; rechaza el concepto de individuo autónomo que elige voluntariamente el curso de su acción, y lo reemplaza por el de agente que reproduce los gustos y comportamientos que le fueron inculcados".
http://pierre-bourdieu.blogspot.com/2008/02/pierre-bourdieu-en-letras-libres.html

la. Eso podría ser también una conducta dolorosa y peligrosamente cómoda. Si el aprendizaje correcto para poder autovalorarse adecuadamente no se hizo en la infancia, **puede y debe hacerse después**. Nunca es tarde.

Cada uno debe realizar el trabajo de buscar y encontrar las razones para sentirse valioso y también los espacios donde sentirse respetado y valorado. Es un trabajo duro, pero también es la única y verdadera posibilidad de rescatar la autoestima. Hay grupos de reflexión o de autoayuda que pueden acompañar este proceso. Sin embargo, no es necesario que sean grupos en los que se trabaje específicamente este tema, cualquier grupo de pertenencia puede desempeñar el rol de autoayuda. La razón es que los grupos cumplen la función de resignificar los sentimientos vividos durante la infancia en el entorno familiar. Actúan como nutrientes porque implican el conocimiento y el reconocimiento mutuos. No olvidemos que la familia no es otra cosa que un grupo de pertenencia. De allí, la importancia de recrearlo haciendo las correcciones necesarias para cubrir las carencias.

Nunca se llegará a ser perfecto, es verdad, y por eso no debe confundirse el ideal de buscar la propia mejora, con un enfermizo afán perfeccionista. El trabajo de renovarse y repararse a sí mismo no se debe abordar como algo forzado, insoportable, angustioso o desesperante. Es un intento de sortear día a día las dificultades que seguramente se enfrentarán, pero sin perder de vista la importancia del propósito. Se trata entonces de no exagerar la autoculpabilización ni la autoindulgencia; se debe trabajar la autoestima basándose en logros mínimos pero reales.

Es necesario, también, aprender a aceptar serenamente los errores que se cometan y no claudicar por frustración. Se trata de buscar un equilibrio entre exigirse y comprenderse a sí mismo. Hay que rescatar la importancia que tiene sacar el máximo provecho de las condiciones que se poseen, en lugar de lamentar la carencia de los atributos que se hubiera querido tener.

Es fundamental prestar especial atención al diálogo interno, dejar de practicar un autodiálogo[39] en el que se repita hasta el cansancio la lista de defectos o impedimentos propios.

Es necesario buscar el equilibrio y la madurez para observar la realidad propia y ajena. Esto permitirá evitar caer en idealizaciones ingenuas que luego producen desilusión.

Todos estos aspectos son la base para adquirir confianza en uno mismo y aprender a no perder el equilibrio si en alguna oportunidad los resultados difieren de lo esperado.

Básicamente son los acontecimientos más dificultosos los que, al ser confrontados maduramente, permiten afrontar la vida desde nuevos marcos de referencia. Son cambios que llevan a entender el mundo, a los otros y a uno mismo de una manera más humana. Quien lucha por conocerse, finalmente lo consigue.

La baja autoestima y el miedo

La emoción básica que subyace cuando una persona tiene autoestima baja es **el miedo**. Ése es el punto que resulta imprescindible abordar para modificar la percepción de los recursos propios.

Algunos médicos, pediatras y psicólogos afirman que cuando nacemos sólo tenemos miedo a las caídas bruscas y a los ruidos intensos. Todos los otros miedos **serían adquiridos** en el transcur-

---

39. Hablamos de autodiálogo, porque es la misma persona la que habla y se contesta. Se trata de la existencia de dos voces que muchas veces confrontan.

so de la vida. El miedo es muy poderoso porque "funciona", da resultado, por eso es utilizado por algunas personas para sentir que pueden lograr el control.

Pero el miedo interfiere en el verdadero y saludable vínculo con uno mismo o con los demás, ya que rigidiza y hace que se crea que hay una sola manera de hacer las cosas.

Pero sin miedo tampoco se puede vivir; hay un miedo que permite que nos cuidemos, que tomemos las precauciones necesarias tanto sea para cruzar la calle, como para prevenir enfermedades. No se trata, entonces, de no tener miedo, sino de identificar y discriminar los miedos que son protectores de los miedos que nos paralizan, para, una vez reconocidos, saber qué hacer con ellos.

"El miedo se genera a raíz de una situación de peligro inventada por el pensamiento".

J. KRISHNAMURTI

El miedo siempre implica una idea, un pensamiento. Cuando tenemos una idea distorsionada sobre nuestro valor, es probable que pensemos que al no ser valiosos, los otros nos pueden descartar. No es de extrañar, entonces, que éste sea el origen del miedo al abandono.

La energía que moviliza la emoción del miedo puede ser transformada en la fuerza necesaria para afrontar un desafío. Para poder hacerlo no **alcanza con repetir que uno puede**, lo imprescindible es comenzar a **incrementar los recursos**. Si cualquiera de nosotros pretendiera escalar una montaña, no podría lograrlo sin una preparación previa. Nadie se presenta a un examen sin estudiar anteriormente, y si lo hiciera sólo confiando en la invocación de la suerte ("yo puedo"), no sorprendería a nadie el fracaso.

No pretendemos dar recetas universales para aumentar la autoestima, porque no existe tal cosa, ya que en el proceso individual se identificarán los miedos y los recursos de cada persona. La clave está en el autoconocimiento como vía regia para lograr una adecuada autovaloración. Sin embargo, aprender a perder, a caer, a errar, son situaciones de aprendizaje que permitirán adquirir el control sobre uno mismo. Pensar en todos los obstáculos que ya superamos a lo largo de la vida nos dará una dimensión más acertada de nuestras posibilidades, y nos facilitará la acción. Y **la acción es contrincante y vencedora del miedo.**

Sólo es posible decir que este proceso, seguramente, insumirá **sangre sudor y lágrimas.**[40] Detrás de eso está la determinación para jugarse el todo por el todo para alcanzar la victoria.

---

40. "No tengo nada más que ofrecer que sangre, esfuerzo, lágrimas y sudor", del discurso de Churchill a la Cámara de los Comunes el 13 de mayo de 1940.

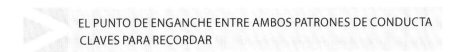

El punto de enganche se da básicamente en creer que **el otro** va a llenar el vacío existencial que se vivencia al tener baja la autoestima.

- La autoestima es la forma en que estimamos nuestro modo de ser. No se trata de la estima afectiva, sino de la estima valorativa.
- La autoestima tiene relación directa con el nivel de seguridad personal.
- Es también responsable de éxitos y fracasos en la vida.
- Autoestima y estado de ánimo suelen ascender o descender de modo directamente proporcional.
- Manipulador y manipulado carecen de una adecuada autoestima, pero adoptan diferentes alternativas para ocultar su inseguridad.
- Los manipuladores enmascaran la inseguridad afectiva insuflando su autoestima. Remite al: "Dime de lo que pregonas y te diré de lo que careces".
- Ninguna forma de maltrato es educativa. Nada que culpabilice, critique, acuse, insulte o reproche, contribuye a consolidar una adecuada autoestima.
- La autoestima no se construye para complacer los deseos de los otros.
- La autoestima no aumenta por creer que uno ES lo que NO ES. Es necesario trabajar para una auténtica aceptación y superación.
- El trabajo de renovarse y repararse a sí mismo no se debe abordar como algo forzado, insoportable, angustioso o desesperante.

Es necesario saber que se pueden incrementar los recursos personales no por medio de un "yo puedo" vacío y voluntarista, sino por el proceso de reconocer y reproducir los recursos que sean verdaderos y positivos. Es fundamental aprender a enfrentar los fantasmas que dificultan los momentos de afrontación.

Los fantasmas no existen.

Cuando el arte promueve la reflexión

> "El arte es la expresión de los más profundos
> pensamientos por el camino más sencillo".
> ALBERT EINSTEIN

El arte, con su capacidad simbólica, revela los avatares por los que atravesamos los seres humanos. Para reflexionar sobre el tema de la manipulación, hemos elegido como herramientas: una película,[41] un cuento[42] y una tragedia griega.[43] En los tres casos veremos que, a pesar de las diferencias temporales y las distintas circunstancias, la trampa se cierra tanto desde afuera como desde adentro.

LUZ DE GAS

La historia comienza durante unas vacaciones en Italia, en las que un pianista, Gregory (Chales Boyer), seduce y enamora a Paula (Ingrid Bergman). Ambos regresan luego a Londres y se casan. A sugerencia de él, deciden vivir en la casa que ella había heredado de su tía, misteriosamente asesinada poco tiempo antes.

---

41. *Luz de gas*, dirigida por Thorold Dickinson en 1940.
42. Clarissa Pinkola Estés, "Barba azul", en *Mujeres que corren con lobos*, Plaza Edición; Barcelona; 2004.
43. *Las troyanas*, de Eurípides.

Si bien al principio parecen felices, luego se origina una sucesión de extraños hechos que perturbarán a Paula.

Gregory se encarga de alterar la confianza que Paula tiene en sí misma. Para ello se vale de la estrategia de ocultar algunos objetos y luego señalar los supuestos "olvidos" que ella aparentemente tiene. Emplea también una actitud descalificadora con la que magnifica cualquier mínimo error que su esposa comete. Su estrategia da resultado: Paula, con el tiempo, comienza a dudar de su propia cordura. Gregory, lejos de tranquilizarla, manifiesta desprecio y reprobación.

La afectuosa conducta de antes ha transmutado en una actitud fría y distante. Al principio, Paula cree que él intenta disciplinar su inestable forma de ser, pero ante los reiterados reproches y señalamientos acerca de su conducta en apariencia incoherente, duda aún más de su sano juicio. Finalmente, Gregory decide recluirla en la casa.

Paralelamente, Brian (Joseph Cotten), un detective de Scotland Yard, ha estado investigando las actividades de Gregory como sospecho del asesinato de la tía de Paula. Entonces descubre que Gregory ha regresado a la casa con la intención de encontrar las joyas escondidas, que había buscado infructuosamente al asesinar a la anciana.

Después de esto, Brian le informa a Paula los resultados de su investigación. Gregory ha intentado hacerle creer que está loca con el objetivo de quedarse con la casa donde estaban ocultas las joyas. Paula se da cuenta entonces de que los ruidos que ha estado escuchando durante la noche no eran producto de su imaginación, tal como su marido había afirmado, sino que eran producidos por él con la intención de hacerle creer que alucinaba.

Gregory es apresado y cuando le pide a su esposa que lo libere, ésta se niega a hacerlo.

Paula nuevamente se convierte en dueña de sus decisiones y de su vida.

El escritor Javier Marías sintetiza que hacer "luz de gas" es: **"Persuadir a una persona de que su percepción de la realidad de los hechos y de las relaciones personales está equivocada y es engañosa para ella misma"**.

En la película se observa el encadenamiento de acciones y situaciones que aseguran el éxito de la manipulación. Siempre está presente, desde el primer momento, la seducción. Es inevitable, ya que de lo contrario la víctima no se detendría en el radio de influencia del manipulador. Hay por parte de la víctima una entrega íntima de la confianza tan absoluta, que no admite ninguna duda autoprotectora. La desconfianza es inaceptable para quien se entrega ciegamente a este tipo de relación.

La secuencia de los hechos continúa con el consiguiente aislamiento de otros lazos afectivos que la víctima pudiera tener. El manipulador logra de este modo una doble ventaja: por un lado ponerse a resguardo de la mirada de quienes puedan descubrir su juego y, por otro, generar, debido a su aislamiento, más dependencia por parte de la víctima. Se puede observar cómo la protagonista duda de sí misma sin detectar las maniobras manipuladoras. En este caso, fue imprescindible la intervención de un agente externo para **"darse cuenta"**, romper el circuito y salir de la trampa.

"Barba azul"

La maravillosa autora Clarissa Pinkola Estés recopiló durante veinte años los mitos y recuerdos populares que recrean el arquetipo de la Mujer Salvaje, esa fuerza instintiva que todas las mujeres tienen, pero que sólo reconocen cuando dejan de tenerle miedo a su propio poder. Ella dice:

"Cuando perdemos el contacto con la psique instintiva, vivimos en un estado próximo a la destrucción, y las imágenes y facultades propias de lo femenino no se pueden desarrollar normalmente. Cuando una mujer se aparta de su fuente básica, queda esterilizada, pierde sus instintos y éstos son subsumidos por la cultura o por el intelecto o el ego, ya sea el propio **o el de los demás**".

Pinkola Estés nos muestra el camino para analizar este cuento. Es preciso entender que cada uno de los personajes representa una parte de nuestra propia psiquis, el terreno donde se libran luchas entre fuerzas opuestas. Y es allí también donde coexisten brujas, hadas, hermanas sabias, padres despiadados, etc. Todos ellos son los seres interiores que nos pueblan y con los que debemos convivir, pero... ¡debemos estar atentos a sus travesuras!

Uno de los habitantes requiere nuestra especial atención: el **depredador interno**, cuyo carácter destructivo, o mejor dicho autodestructivo, no admite distracción alguna.

"Barba Azul" fue un cuento muy popular hace algunos años, y ofrece la posibilidad de observar en el personaje protagónico su conducta autodestructiva. También señala que hay posibilidades de resolución.

En un pueblo tres hermanas conocen a un hombre muy particular por tener la barba de color azul. Esto, en principio, intriga a las hermanas, pero las tres reaccionan de manera diferente.

Barba Azul corteja a las tres. Es excéntrico, y las dos mayores desconfían de él. Pero cautiva a la menor, la más ingenua, con la que se casa. Ya en su castillo, el marido la trata bien y un día le dice que debe irse y que, si quiere, la joven esposa puede invitar a sus hermanas a quedarse con ella. Le da todas las llaves del castillo y le advierte que puede ir adonde quiera, pero con una sola restricción: hay una llave pequeña que debe abstenerse de usar. En su ausencia, las hermanas, apenas enteradas de que hay una llave que no se puede usar, proponen jugar a descubrir a qué puerta pertenece. Y como es natural, una vez descubierta la puerta, la abren. Allí, la joven esposa encuentra una pila de cadáveres de mujeres ensangrentados, y advierte que la llave también empieza a sangrar: es una trampa que le ha dejado Barba Azul para saber si fue o no obedecido. La joven esposa trata de limpiar la sangre de la llave, la frota con crin de caballo, la lava, pero todo es inútil. Las hermanas se esconden cuando él llega. Barba Azul ve la llave sangrar y se enfurece. Le dice a la joven que las muertas son sus esposas anteriores, todas las que lo desobedecieron y abrieron esa puerta. Y la empuja hasta allí para matarla. En su espanto, la joven le dice: "Está bien, está bien, pero dame tiempo para prepararme para la muerte". Él se lo otorga. Mientras tanto, las hermanas llaman a sus hermanos para que vengan a rescatar a la joven. "¿Los ven venir?", pregunta ella, aterrorizada. "No, todavía no", contestan las hermanas. "¿No llegan aún?", insiste. "¡Ya vienen!", contestan por fin. Los hermanos finalmente matan a Barba Azul y liberan a la joven, que ya no es ingenua. Ya es una mujer.[44]

---

44. Extractado del artículo "Mujeres que corren con lobos" escrito por Sandra Russo sobre el libro con el mismo nombre de Clarissa Pinkola Estés, para el periódico *Página 12*, http://www.pagina12.com.ar/2000/suple/las12/00-01-07/nota3.htm.

Entre otros mensajes, este cuento muestra que es poco probable que en algún momento de la vida una mujer no se refugie en una parte psíquica incauta, crédula, ciega. En la psiquis o en la vida de todas las mujeres siempre hay algo que se prefiere **no ver**. Entonces se da vida a ese personaje incauto, que con toda alegría se deja convencer, fascinar y lo que es más peligroso: **desoye lo que desde algún lugar, su Mujer Salvaje, su instinto, le grita que no le conviene**. Es necesario aprender que existen depredadores; desconocer su existencia es un peligroso juego de ingenuidad; una torpeza que se paga muy cara.

Tal como en el cuento, una persona logra sobreponerse sólo cuando se atreve a ver qué hay "detrás de esa puerta". La capacidad de soportar la verdad que surge de sus descubrimientos permitirá que acepte y valore sus propios pensamientos, sensaciones y sentimientos. Sólo entonces podrá actuar en consecuencia.

Pero como en toda creación artística, y así funciona este mitopsiquis, deben coexistir fuerzas antagónicas, tensiones que se producen entre los distintos personajes. Luchas de poder.

En el caso del depredador y su presa, la tensión es vivida como una pareja que ejecuta un oscuro baile psíquico. Mientras están entrelazados en la danza, la "química" especial se produce. El escalofrío que precede a la aceptación inconsciente de la propia debilidad, engendra y sostiene el rol de víctima.

Aunque exista una persona que descalifique, injurie o denigre, la verdadera trampa se cierra **sólo cuando coincide con el propósito del depredador interno**. Es entonces cuando queda abolida la suspicacia, se cree en la tramposa promesa del depredador externo: que su presencia logrará hacer que se sienta digna de ser amada.

Ése, el paraíso anhelado, a corto plazo se convertirá en un infierno.

Esto ocurre cuando una persona sostiene una creencia y sigue un patrón de conducta basado en el desconocimiento de su propia valía y de su propio poder, por lo que queda a expensas de la alianza de los depredadores externos y del interno.

El desconocimiento de sus valores, el entrenamiento para no registrar sus necesidades ni sus dones, pudieron haber comenzado en su infancia, fomentados, quizás, por otros manipuladores que pretendían llenar su propio vacío con los atributos de esa niña.

Pero en el cuento de Barba Azul existe una salida, un final justiciero que se produce cuando la esposa decide dejar de ser el trofeo, no ser otra víctima. Abandona entonces su excesiva ingenuidad y apela a la astucia para ganar el tiempo necesario para contraatacar.

Sobre el caballo de Troya

Durante diez años, las fuerzas griegas sitiaron Troya sin poder superar las altas murallas que constituían su defensa. El desaliento de los griegos, que anhelaban regresar a su patria, se agudizó al morir Aquiles en combate. Entonces, la astucia de Ulises propone una jugada insospechada. Como en una revelación, tuvo una idea mientras hacía una caminata. Observó una paloma que, perseguida por un halcón, se refugió en la grieta de un montículo.

El halcón voló en círculos esperando que la paloma saliera para atacarla, pero ésta permanecía a resguardo en su refugio. Entonces, el halcón simuló retirarse y se escondió fuera de la mirada de la paloma. Ésta, después de largo rato, confiada en que el cazador hubiera abandonado el acecho, emprendió el regreso al nido. El halcón, entonces, salió del escondite y se apoderó de su presa. Ulises, comprendiendo la analogía de la situación con la que vivían griegos y troyanos, planeó la estratagema del caballo de Troya.

Como el halcón, los griegos simularon la retirada, quemaron los restos del campamento y alejaron la flota. En la playa dejaron un enorme caballo de madera en cuyo interior se ocultaba un grupo de selectos guerreros. Un griego, fingiéndose fugitivo, se acercó a la ciudad y perfeccionó el engaño: **anunció a los troyanos lo que éstos querían oír.** Relató entonces que los griegos habían emprendido el regreso a su patria, dejando una ofrenda para la diosa Palas Atenea. Los troyanos, radiantes de alegría, desoyeron la advertencia de Casandra,[45] derribaron parte de los muros de su ciudad, la última barrera que los protegía, y entraron el caballo. La trampa acababa de cerrarse. Una vez dentro, los soldados ocultos en el caballo salieron de éste y abrieron las puertas de la ciudad, dejando entrar al resto de las fuerzas griegas que fácilmente destruyeron Troya. Fueron los propios troyanos los que abrieron la puerta para entrar el caballo. Creyeron que habían ganado, creyeron que habían obtenido lo que querían. Una vez más, el deseo de creer utilizó la ingenuidad como camino propiciatorio del rol de víctima.

En los tres casos planteados podemos observar que la manipulación requiere la intervención de la víctima. Es lo que pasaremos a llamar la necesaria participación del **depredador interno.**

En la película se observa la sucesión de pasos característicos y necesarios que utiliza el manipulador: seducción, aislamiento y

---

45. Casandra, hija de los reyes de Troya, fue dotada por Apolo, su enamorado, con el don de la profecía. Al no ser correspondido, Apolo la condenó a que sus profecías no fueran creídas.

luego hostigamiento. Aquí, la ingenuidad de la víctima requiere la intervención de un observador externo con la autoridad necesaria y suficiente para desenmascarar la situación. Esto permite que la presa escape de la trampa.

En el cuento, la víctima desoye lo que su propio instinto le señala como extraño. Prefiere negar lo que a simple vista resulta raro: **el color de la barba**. Desconoce que un peligroso juego de ingenuidad, una torpeza, se paga muy caro.

En la tragedia griega, con la historia del **caballo de Troya**, queda en evidencia que cuando uno escucha lo que quiere escuchar, baja sus defensas sin recapacitar en las consecuencias de ese acto.

El arte, con su capacidad simbólica, muestra la distorsión que hacen algunas personas en la percepción de la realidad. Muchas veces se ve NO lo que la realidad muestra, sino lo que uno quiere ver o creer.

- Es necesario reconocer la forzosa participación del **depredador interno** para consumar la trampa.
- Desconocer la existencia de dicho depredador interno es un peligroso juego de ingenuidad.
- La ingenuidad autoboicoteadora de la víctima, hace que no evalúe las consecuencias de sus actos y baje sus defensas.
- La existencia del depredador interno, cuyo carácter es autodestructivo, exige estar particularmente atento.
- Es necesario reconocer la **corresponsabilidad** de la víctima en un vínculo de manipulación.
- Cuando una persona sostiene una creencia y desconoce su propia valía, queda a expensas de la alianza entre los depredadores externos e interno.
- Para desenmascarar la situación, la víctima muchas veces necesita la participación de un facilitador externo.

CONCLUSIÓN

Una relación manipuladora es, fundamentalmente, una relación asimétrica en la que el poder de uno somete a otro. La asimetría no está dada por un orden jerárquico natural, sino por una desviación en el uso del poder. Si bien las personas manipuladoras tienen conductas características que permiten identificarlas a partir de la experiencia, también las llamadas víctimas poseen características propias.

Al observar las conductas y actitudes de ambos, es factible inferir que para que este tipo de relaciones se sostengan en el tiempo, existe una **corresponsabilidad.**

Entendemos la corresponsabilidad como la existencia de un "delegado o representante" interno del manipulador externo. Éste promueve que la víctima tienda su parte del puente, para que, de esta manera, el manipulador logre el acceso al dominio, tal como ocurre con el caballo de Troya.

Este tipo de vínculos no es exclusivo de las relaciones por elección. Con excepción de los niños, sin alguien que tolere ser manipulado, no hay manipulación posible.

A las víctimas, aun habiéndose dado cuenta de su corresponsabilidad, se les hace muy difícil poner fin a esta situación. Esto se debe a que dudan de sus propias capacidades y recursos. A su vez, esto se ve reforzado por la tarea descalificadora ejercida por el manipulador.

El consentimiento, generalmente inconsciente, de la víctima, se origina en su propia vulnerabilidad. Cualquier argumentación que sea utilizada para justificar la inacción, proviene siempre del miedo. El miedo es el otro extremo de la acción, es justamente lo opuesto. Cuando entra en juego la acción, el miedo comienza a perder su fuerza paralizante. Se trata de una elección: actuar o quedarse con el miedo. **Al miedo se lo vence actuando; no hay otro camino.**

Por esta razón se hace indispensable el trabajo sobre la autoestima para **revalorizarse** y poder abandonar el rol de víctima.

Como en el cuento "Barba Azul", también en la vida existe siempre una salida, pero es necesario encontrar "la llave". La llave es el permiso y el coraje para atreverse a conocer los secretos, los miedos más profundos y oscuros que actúan distorsionando la conciencia del propio poder. Suele ser un trabajo arduo y doloroso que nos pone en contacto con debilidades, pero también con fortalezas.

Sólo cuando una persona posee una autoestima firme, cuando ya no tiene el corazón y los sentimientos sometidos, puede dejar de ser el nutriente con que se alimentan los depredadores de su entorno.

Si durante mucho tiempo, el miedo impidió que una persona se diera cuenta de sus valores, o hizo que los evaluara distorsionadamente, llegó el momento de modificar la situación.

Es necesario saber que se puede.

Y... ¿DESPUÉS QUÉ?

Después, llegó la hora de recorrer el camino desde la nueva perspectiva. Siempre es posible luchar por lo que realmente queremos, por aquello de lo que estamos convencidos. Siempre hay tiempo para empezar de nuevo. No tiene importancia en qué instancia o etapa de la vida uno se encuentre, lo que importa es saber que siempre es posible recomenzar. Esto significa darse una nueva oportunidad, es renovar las expectativas en la vida y, sobre todo, creer en uno mismo.

Aun cuando uno piense que todo se ha perdido, la crisis es sólo el inicio de una nueva etapa.

Para terminar, queremos compartir un mensaje que nos hizo llegar una persona que logró "migrar" de una tortuosa relación.

Gracias por ayudarme a decir "basta"
Quiero darles las gracias por la ayuda que, sin saberlo, me dieron. No sé por qué extraña coincidencia el libro de ustedes llegó a mis manos; sentí que lo habían escrito para mí o que me habían estado espiando. Muchas de las cosas que leí me las había estado diciendo mi psicóloga durante mucho tiempo, pero yo no podía reconocerme en lo que me decía. Me arrepiento de los años que viví sometida, pero me arrepiento más de los años que necesité para darme cuenta. Pero, como dice mi psicóloga, no me sirve mirar tanto atrás sino ver lo que logré.
Nunca me sentí tan protagonista de mi vida, y nunca disfruté tanto de cada momento como ahora. Me siento capaz de sentir y pensar por mí misma. Sé que puedo dar sin pedir, pero también sé que no es necesario hacer, ni dar nada que no

me haga sentir bien. Estoy aprendiendo a dejar de cumplir sólo con las expectativas de los "demás", trato de cumplir primero con las mías y sé que no por eso tengo que sentirme egoísta. Una vez que el velo se corrió de mi vista, descubrí en esta etapa de mi vida, que soy un ser humano, con sus posibilidades y sus limitaciones. Puedo permitirme no ser perfecta, sé que puedo tener debilidades, y también que puedo equivocarme, de hecho me equivoco y me perdono casi enseguida.

En el espejo veo a la que fui en el pasado, pero también a la que soy ahora. No me molestan mis arrugas, porque aparecieron como consecuencia de vivir. Asumo mis errores pero también disfruto de mis logros. Hoy sé que si bien la vida no comienza a los cincuenta, todavía me queda mucho hilo en el carretel y por lo tanto puedo pensar y decidir cómo pasar la etapa que me falta vivir. Hoy sé que nadie es responsable de mi felicidad, excepto yo. Hice todo lo que hacía falta hacer para merecerla. Me desprendí de lo que ya no necesitaba, corté con las relaciones enfermas, me permito disfrutar de lo simple, etc. Depende de mí lo "que quiero para mí". Soy creadora de mis proyectos, artífice de mis decisiones y arquitecta de mi propia vida.

Esto nunca antes lo había sentido... ¿Será la libertad? Gracias. Gracias...

María del Carmen [46]

---

46. En este caso y a pedido de quien envió la carta, el nombre es real.

"Ciertas cosas son tan importantes que necesitan ser descubiertas solas. Cualquier destino, por largo y complicado que sea, consta en realidad de un solo momento: el momento en el que el hombre sabe para siempre quién es".

JORGE LUIS BORGES

Para finalizar, es bueno recordar que **todas** las personas tenemos derechos. Conocerlos y defenderlos con el único límite de reconocer y respetar los derechos de los otros debe ser el objetivo irrefutable e irrenunciable.

- Todos estamos habilitados para no admitir y protestar por un trato injusto hacia nosotros y hacia los otros.
- En una relación manipuladora, una persona puede verse presionada para actuar rápidamente. No se debe admitir que esa presión impida la reflexión necesaria antes de actuar.
- Todas las personas cometemos errores, pero no hay ninguna razón para que se nos descalifique por ello.
- Si alcanzamos algún logro, no hay que admitir que nadie lo minimice o nos haga sentir culpables por disfrutarlo.
- Los consejos son apreciados sólo si uno los pide. Pero puede agradecer e ignorar los que le den los otros como imposición solapada.
- Las opiniones y creencias ajenas son respetables, pero las propias también lo son.
- Es bueno ser cortés y generoso, pero no al extremo de no permitirse priorizarse en algunas oportunidades.
- No se puede vivir anticipándose a las necesidades o deseos de los otros. El manipulador supone que los otros deben descubrirlos.
- Es importante responsabilizarse de los propios problemas, pero NO de los ajenos.
- Una persona tiene derecho a estar sola si así lo desea, aun cuando los demás insistan en acompañarla.
- Sus necesidades son tan o más importantes que las de los demás.
- Si una persona se siente mal o está dolida por alguna situación, es válido que lo exprese. No admita que lo tilden de quejoso.

- Mantenerse obsesivamente fijado a ideas o creencias no implica mérito alguno, sólo es muestra de falta de plasticidad. Todas las personas tienen derecho a cambiar de idea u opinión.

- Hay que aprender a pedir ayuda o solicitar apoyo emocional cuando es necesario. Esto no es un acto de debilidad.

- Sólo uno sabe lo que siente. La expresión de sus sentimientos debe ser validada por los otros.

- Aprender a decir NO puede abrir nuevas perspectivas de liberación. Usted tiene derecho a negarse a una solicitud.

- Hacer un señalamiento crítico efectuado de manera respetuosa y correcta no implica ser agresivo.

- Es bueno reconocer los límites de la propia fuerza. Nadie tiene derecho a exigir que haga más de lo que sus posibilidades le permiten.

- Ser tratado con dignidad debe ser una condición esencial en toda relación.

¿Qué le pasa a la víctima
de manipulación que acepta
la situación de maltrato?

Con la guardia baja

Después de treinta y dos años de casada con una persona manipuladora, Beatriz logra tomar la decisión de separarse. En este caso se pueden observar claramente tanto los pasos del proceso de manipulación como los de desvinculación.

Cuando Beatriz conoció a Miguel, según sus palabras:

"Estaba aniquilada, Pablo y yo habíamos esperado a recibirnos para casarnos. Los dos coincidíamos en que una vez recibidos nos casaríamos e iniciaríamos una vida nueva en el interior del país. Pablo era oriundo de la provincia de Chubut, por lo tanto deseaba que ejerciéramos nuestra profesión de médicos en el sur del país. A mí, la idea me encantaba, pero puse como condición que la luna de miel fuera en un lugar cálido. Fuimos a Brasil. En el viaje de regreso un camión terminó con nuestros sueños y con la vida de Pablo. Después de veinte días de internación y más de dos meses de rehabilitación, comencé un juicio contra el conductor que había provocado el accidente. Miguel fue el abogado elegido para defenderme. Al principio consideré que sus cuidados eran los esperables de un abogado para su cliente. Poco a poco su presencia segura y contenedora se fue haciendo imprescindible. (...) Me daba la paz y la seguridad que había perdido. El resto es fácil de imaginar, nos casamos. (...) En tres años tuvimos dos hijas maravillosas y todo parecía perfecto. Los problemas comenzaron cuando quise volver a trabajar; yo amaba mi profesión y sentía que era el momento de reencontrarme con ella. Miguel se opuso de todas las maneras posibles, tratando de convencerme afectuosamente al principio y llegando luego a la amenaza de dejarme en la calle y además quitarme a mis hijas. Hoy no comprendo cómo podía creerle, pero en ese momento el miedo me paralizó. No conforme con impedirme trabajar, a partir de ese momento no pude salir a encontrarme con mis amigas o para hacer un curso... nada... me llamaba veinte veces por teléfono... Después siguió con mi familia. Me alejé de todos, no sé si por vergüenza o por miedo. (...) Cuando mis hijas se hicieron grandes, me empezaron a cuestionar la 'pasividad'... Yo por dentro me moría en una lucha que no se veía. Cuando se fueron de casa sentí que había llegado el momento y fui a un grupo de autoayuda en el Hospital Pirovano. Cuando él se dio cuenta de que yo cambiaba, volvió a ser dulce y contenedor conmigo, yo quería creerle, pero en el grupo me decían que no me hiciera ilusiones. (...) Entonces, las amenazas volvieron con toda la fuerza y más... llegó a zamarrearme y a empujarme contra un mueble. (...) Mis hijas y el grupo me contienen, pero todavía tiemblo cuando me amenaza. (...) Tengo que volver a encontrarme, volver al tiempo en que mi vida era sana y yo también. (...) Tengo que sacarme de encima todo lo malo que me trajo esa relación, tengo que encontrar el equilibrio. (...) Cómo pude entregar así mi vida, ahora tengo que perdonarme el haber sido tan insensata".

Cuando se pierde repentinamente a un ser querido, es muy frecuente entrar en un estado de gran angustia y de conmoción psíquica. El sobreviviente queda con un sentimiento subjetivo de aturdimiento, sin poder elaborar una respuesta emocional adecuada. Perdidos en este estado el sentido de la seguridad, del control y de la confianza, no es de extrañar que la presencia de Miguel fuera para Beatriz una brújula en medio de la tempestad. Ése es el momento que el manipulador detecta para cerrar la trampa. El miedo hizo el resto.

MANIPULACIÓN DESDE UNA CAMA EN LA SALA DE CUIDADOS INTENSIVOS

A estas alturas, está de más decir que un manipulador nunca descansa. Aún en las situaciones más adversas, su conducta será siempre la de doblegar la voluntad de quienes percibe vulnerables para lograr que su deseo se realice. Como ejemplo extremo y hasta casi simpático o risueño de manipulación, contaremos la historia del manipulador que luego de estar dos meses internado al borde de la muerte, logró superar la adversidad.

Tanto los médicos como su familia lucharon denodadamente para que él pudiera reponerse de una endocarditis que había ameritado una operación de reemplazo de la válvula mitral en su corazón. Manipulador despótico,[47] solía tener sucesos explosivos que lo llevaban casi siempre a la ira cuando sus deseos se frustraban. Uno de

47. Según la tipología analizada en nuestro libro ya mencionado.

los médicos que lo atendieron, prestigioso infectólogo, le había recomendado que aprovechara esa segunda oportunidad que le daba la vida y cambiara su actitud, para poder así lograr una mejor calidad de vida. Esto era necesario desde el punto de vista médico para alcanzar una mayor sobrevida. Le había dicho en su momento: "El traje de superman se te rompió, ahora tenés que comprarte una túnica naranja y transformarte en el Dalai Lama".

Juró y rejuró que cambiaría, pero veamos qué pasó esa misma noche.

Una vez superado lo angustiante de la situación y ya con un buen pronóstico, los médicos le dijeron que estaba en condiciones de dejar la sala de cuidados intensivos. Pero se presentaba un problema, no había camas en la sala de cuidados intermedios a la que debía pasar. Su esposa había estado durante todo el día (y todos los días anteriores) a su lado, pendiente de que se produjera la tan ansiada vacante. No lo lograron; el médico de guardia le dijo pasadas las 20 que ese día ya no harían traslados porque por reglamentación interna no era posible realizarlos después de esa hora.

Luego de escuchar eso y agotada, la esposa se retiró a su casa a descansar. Como vivía a 35 km del sanatorio, por la congestión de tránsito tardó casi dos horas en llegar a su casa.

Ni bien entró, exhausta, encontró en el contestador del teléfono un mensaje pidiendo que se comunicara urgente con el sanatorio en donde estaba internado su marido. Pálida del susto, le costó marcar el número pensando que algo grave había sucedido.

Cuando la atendió el joven médico que había realizado la llamada, se suscitó el siguiente diálogo:

Señora: ¿Usted me llamó? ¿Qué pasó, doctor, dígame que no es nada grave?

Médico: Tranquilícese, señora, no ocurre nada, sólo quería saber si puede acercarse al sanatorio para hacer el traslado de su marido a la sala de cuidados intermedios. Es necesario que esté presente un familiar para poder hacerlo.

Señora: ¡Pero si recién vuelvo del sanatorio y usted mismo me dijo que el traslado no se haría hasta mañana!

Médico: Sí, señora, ya sé lo que le dije, sólo que parece ser que su marido tiene "contactos" aquí y logró el pase.

Señora: ¡Recién entro a casa!

Médico: Me lo imagino, señora, pero él me insistió en que le diga que vuelva ya mismo al sanatorio para hacer el cambio.

Como ya lo señalamos, es muy difícil que un manipulador cambie. La continuación de esta historia tenía dos caminos posibles: 1) que la esposa accediera a la imposición de su marido y regresara al sanatorio, poniéndose en riesgo por el agotamiento que tenía después de dos meses de dedicación full time; 2) que se negara por considerar que no se trataba de una urgencia, sino de una imposición caprichosa.

Por suerte para ella, se decidió por la segunda opción.

Señora: ¡De ninguna manera, no voy a volver a ir a esta hora de la noche! Mañana temprano estaré por allí y hacemos el cambio.

Médico: Es que el riesgo que corremos es que la cama se ocupe durante la noche con alguna persona que llegue por la guardia.

Señora: Si eso ocurre, tendrá que esperar a que se desocupe otra. Yo no voy a ir ahora.

Al enterarse de la negativa de su esposa, el manipulador de esta historia logró que el médico bloqueara el acceso de otra persona a la cama. El lugar quedó reservado para él para el día siguiente, infringiendo así las normas del sanatorio.

Como vemos, el manipulador, a pesar de su situación desventajosa, supo encontrar en el entorno a la persona que desde la ingenuidad o desde la inexperiencia, se brindara para que él pudiera cumplir sus deseos. Probablemente un médico con más experiencia se hubiera negado, pero es también probable que, en ese caso, el manipulador no se hubiera atrevido a pedirlo.

Exagerada empatía, vulnerabilidad... ¿o ambas?

Como muestra de esto relatamos la siguiente situación.

En una oportunidad, una mujer vulnerable que terminaba de trabajar muy tarde un día de semana, es invitada por su marido (manipulador) a cenar a un restaurante. Ella estaba muy cansada y como debía tomar junto con la cena una medicación que le producía mucho sueño, le dijo a su marido que prefería comer en su casa e ir a dormir sin más trámites. Como su marido insistía en el plan de cenar fuera de su casa ella finalmente aceptó, pero puso como condición ir a un restaurante que quedaba cerca. Sin embargo, e ignorando el deseo de ella, el marido se dirigió a un local a 30 km de distancia. La vuelta resultó interminable para ella que, tal como lo había anticipado, después de tomar la medicación se caía de sueño. Entonces le propuso a su marido que detuviera el auto para trasladarse al asiento trasero y así poder dormir. Su marido irritado le reprochó este acto diciendo: "¡Qué falta de consideración!, ¿te creés que yo soy tu chofer? Muy romántico lo tuyo, yo te llevo a cenar y vos te dormís en el asiento". Ella se disculpó y resistió como pudo su necesidad de dormir.

En este caso en particular se puede observar que la baja auto-valoración de la mujer le impidió reconocer un acto de exigencia oculto en lo que podría ser tomado como una gentil invitación. Ella había trabajado hasta tarde y a su cansancio se agregaba la ingesta de un medicamento que le provocaba más sueño, pero aun así, no pudo reconocer sus derechos y sostener el deseo de permanecer en la casa. No supo tampoco poner límites a la elección del restaurante ni a la descalificación con que fue tratada por su esposo en el viaje de regreso. Al pedir disculpas "validó" la opinión de su marido.

Muchas personas que forman vínculos con manipuladores eligen, equivocadamente, el camino de hacerse cargo de aquello de lo que son inculpadas, con el solo objetivo de evitar una discusión o lograr que la descalificación o cualquier otro tipo de maltrato cesen.

Manipuladores "cultos"

"Será medio psicopatón, pero yo lo admiro por todo lo que sabe".

¡Qué peligrosa puede ser la admiración!

Este tipo de sumisión es muy común en los ámbitos académicos en los que la escala jerárquica adjudica no sólo "atribución de saber", sino también de poder. Si bien en los ámbitos académicos hay mucha gente valiosa, éstos también suelen ser los reductos propicios en los anidan los "manipuladores cultos".

Generalmente, las personas que más saben suelen tener una actitud de humildad muy valorable y es precisamente esta cualidad la que las diferencia. En cambio, los manipuladores utilizan "su saber" como herramienta de sumisión.

La táctica de avergonzar a su "oponente", ya sea alumno, colega o subordinado, haciendo alarde de condiciones intelectuales, es muy usada por estos individuos para dominar por la admiración. Suelen utilizar un sutil sarcasmo y hacer comentarios ofensivos como medio para descalificar al otro, aumentar la duda y de esta forma hacerle creer que "son superiores". Muchas veces estas agresiones están enmascaradas en forma de bromas.

Si la autodescalificación intelectual fuera el talón de Aquiles de la víctima, el manipulador quedaría habilitado permanentemente en su posición de dominio.

Tal fue el caso de Ignacio, un joven abogado, que aceptó la propuesta de uno de sus ex profesores (Ricardo) para ingresar como ayudante de cátedra de una materia[48] que había cursado con él cuando era estudiante. Ignacio, muy inteligente aunque un poco tímido, aceptó encantado. Su respuesta fue: "Profesor, va a ser un privilegio trabajar con usted". La respuesta de Ricardo fue: "No te preocupes, como jefe de cátedra, ya me lo voy a cobrar". El resto del grupo que formaba la cátedra lo recibió con indiferencia primero y con aceptación después.

Ignacio pensaba que si bien el beneficio económico no justificaba el esfuerzo, el prestigio de ser docente universitario bien valía la pena.

Al principio todo parecía marchar bien y, poco a poco, Ignacio supo ganarse la confianza de todos por su capacidad. Poco tiempo después, comenzó a frecuentar algunas reuniones con sus compañeros de cátedra. Se sentía a gusto y si bien reconocía que el trabajo que debía hacer era excesivo, el hecho de formar parte

48. Materia: asignatura.

de un grupo de pertenencia en el ámbito académico le resultaba un logro, dado que él provenía de una familia con un nivel cultural muy bajo. Mientras tanto, para poder vivir, conservaba su anterior trabajo como administrativo en una repartición estatal. Durante la crisis del año 2001, Ignacio fue suspendido en su puesto de trabajo y finalmente lo despidieron. Entonces Ricardo le ofreció trabajar para él en su estudio jurídico. Si bien esto puede parecer un acto generoso por parte de Ricardo, Ignacio debía hacer la tarea que habían realizado hasta entonces tres empleados que se habían jubilado y la remuneración era inferior a la que cobraba como empleado público. De todas formas y dado el alto porcentaje de desempleo, Ignacio aceptó agradecido una vez más.

El trabajo académico se fue complicando con el tiempo. Primero fueron los interminables trabajos prácticos y exámenes (de los alumnos propios y de los de Ricardo) que debía corregir. Su jefe fue delegándole cada vez más tareas, incluso a veces de manera arbitraria. Ignacio debía leer, analizar y criticar informes para después dar una devolución y concurrir a interminables reuniones en las que todos discutían nimiedades teóricas con la intención de impresionar a los demás. A esto se sumaron los reemplazos inesperados de cualquier miembro de la cátedra y, por último, las investigaciones ad honórem que el jefe le pedía que hiciera. Para poder cumplir con todo lo que Ricardo le exigía, Ignacio trabajaba un promedio de 14 horas diarias, incluso los fines de semana.

En la cátedra, las discusiones teóricas se hicieron extensivas a los encuentros sociales. Ignacio se daba cuenta de que su jefe, aunque no sólo él, trataba de descalificarlo poniendo en evidencia el más pequeño error en lo que dijera. La lucha por el poder se hacía más intensa entre el jefe de cátedra y el adjunto, y ambos se descargaban con sus subordinados, a los que consideraban como súbditos.

A estas alturas, era evidente que Ricardo se abusaba de su poder, llegando incluso a tener una actitud extorsiva: "Si no te conviene, busco a otro, muchos quieren trabajar a mi lado".

Ignacio se debatía entre la necesidad de permanecer y el deseo de no permitir el abuso. Se sentía "entrampado" por su situación particular y en medio de una crisis económica y social.

Por suerte, enterado de la situación, un amigo de Ignacio le ofreció un empleo en el exterior.

Ignacio aceptó, pudo migrar y ahora es un próspero comerciante en el rubro de los helados.

En esta oportunidad la aparición del agente externo, su amigo, solucionó el tema tanto desde el punto de vista económico como en el de la resolución de una situación de dependencia también en el orden personal. Es siempre valorable no dejar pasar la oportunidad de migrar cuando se vive una situación de esta naturaleza.

Es también necesario **darse cuenta** de la vulnerabilidad propia con el objetivo de no repetir en otras circunstancias la idealización de figuras que pudieran estar mejor posicionadas socialmente.

Nadie es más importante como persona por el solo hecho de poseer instrucción. Si la instrucción es utilizada para la dominación, se convierte en la perversión del conocimiento.

Algunas veces es muy interesante y hasta divertido observar cómo se produce una confrontación entre dos o más manipuladores "cultos". A pesar de tratarse de una contienda en el plano intelectual, pueden incluso llegar a la agresión en la lucha por "el poder del saber". Otras veces, dos o más de este tipo de manipuladores hacen "las paces" y fundan la sociedad de "los mutuos aplausos".

"El ignorante afirma, el sabio duda y reflexiona".

ARISTÓTELES

"Quien sigue a aquel que se erige en autoridad, jamás aprende".

JIDDU KRISHNAMURTI

YO YA ESTOY GRANDE Y NO QUIERO QUEDARME SOLA

El fantasma de la soledad acecha, pero es importante diferenciar el "estar solo" del "sentirse solo". Hay personas que creen estar acompañadas, pero en realidad están solas.

Veamos el caso de Griselda, una mujer de sesenta años, casada desde hacía treinta años con un hombre un año menor que ella. Tenían dos hijas, ambas profesionales de la salud y casadas con médicos. El marido de Griselda también era médico, un prestigioso cirujano. Ella había dejado su carrera al casarse porque: "Mi trabajo es full time, soy ama de casa, asistente en el consultorio y arregla tutti en casa". Es posible decir que Griselda "invirtió su vida" en el matrimonio, incluso dejó de lado a su familia de origen porque a su marido "ellos" no le interesaban. Ambicioso, capaz y comprobado manipulador, no tardó en escalar posiciones en su ámbito.

Griselda siempre había vivido siendo una especie de geisha para con su marido. Nunca escatimó esfuerzos para lograr el objetivo que ambos se habían propuesto al casarse: que él lograra realizar una brillante carrera que le diera bienestar a la familia que querían construir. Si bien Griselda nos contó que sus primeros años de matrimonio habían sido felices, la situación había ido cambiando con el tiempo. A medida que él escalaba posiciones en su trabajo profesional, el trato hacia Griselda empeoraba. En los últimos ocho años la situación se había vuelto insoportable. Su marido la descalificaba constantemente; al principio sólo en privado, pero después también en público. Griselda sufría en silencio y trataba de disimular la actitud de su marido para que los demás no se dieran cuenta. Se convertía entonces en cómplice del abuso. No se animaba a hablar del tema con sus hijas porque sus yernos trabajaban con su marido y ella decía: "No quiero mezclar las cosas. Si salen en mi defensa es capaz de dejarlos sin trabajo".

Sólo Irene, prima de su marido, era la única compañía admitida. Irene y Griselda eran amigas desde la adolescencia, era ella quien los había presentado. Sólo a Irene, Griselda se animó a contarle la situación.

Irene habló con su primo en defensa de su amiga. Éste, utilizando la ironía y la minimización, negó los hechos dejando a Griselda en una situación aún peor... dudando incluso de sí misma. A la charla de Irene y el doctor, siguió para Griselda un calvario todavía más duro que el que padecía. Irene le dijo a su amiga que contara con ella para lo que necesitara, le ofreció compañía, afecto, los servicios de un abogado amigo, apoyo terapéutico, una vivienda en caso de que decidiera separase, etc. Sin embargo, Griselda decidió quedarse junto a su marido maltratador. "¿Para qué me voy a separar? Yo ya estoy grande, es difícil que encuentre a otra persona... Le tengo miedo a la soledad".

Su sentimiento era de profunda pena y dolor, se sentía estafada, desesperanzada y "con la sensación de ser el material descartable que el doctor tira".

Sólo después de comprobar que su marido tenía una amante, pudo tomar la decisión de separarse. Esto es muy frecuente de observar: las personas que están sometidas a manipulación tiene una capacidad para soportar maltrato que es muy irritante para

quienes las rodean. Es lo que lleva a que se confunda su someti-
miento con "aceptación intencional". Pero siempre hay un punto
de inflexión, algo que **no pueden soportar**. En este caso era la in-
fidelidad.

Después de un tiempo, trabajo terapéutico mediante, Griselda
pudo identificar y reconocer su parte de responsabilidad en el sos-
tenimiento de ese vínculo patológico. Aprendió a vincularse de
manera más sana y su capacidad para relacionarse, que durante
tanto tiempo había estado fuera de uso, rápidamente fue recupe-
rada. No sólo recobró viejas relaciones, sino que fácilmente pudo
hacer nuevos amigos.

Puesta de límites

Este episodio en la vida de dos cuñadas nos muestra la necesi-
dad de aprender a poner límites de manera apropiada.

Se conocieron cuando Patricia se puso de novia con Andrés, el her-
mano de Carolina. Tenían casi la misma edad y todo parecía indicar
que podrían llevarse muy bien, e incluso ser amigas. Pero la com-
petencia por la atención de Andrés se puso de manifiesto al poco
tiempo y más tarde dicha rivalidad se trasladó a casi todas las deci-
siones de ambas.

Poseedoras de personalidades muy diferentes, Carolina cedía casi
siempre y terminaba acomodándose a las propuestas y decisiones
de Patricia. Si bien en apariencia no se notaba, Carolina, interna-
mente, quedaba con un fuerte sentimiento de frustración y muchas
veces de ira.

Sus compañeras de trabajo la instaban a que defendiera sus pun-
tos de vistas, sus opiniones y sus gustos. No podemos criticar ni los

consejos ni las intenciones con que fueron emitidos, pero la interpretación que Carolina hizo de aprender a poner límites se convirtió, a nuestro entender, en lo que llamamos: **cambiar para que no cambie nada.**

Casi orgullosamente relataba a sus compañeras lo que consideraba la defensa de sus elecciones: "El sábado Andrés salía con sus amigos, entonces Patricia me propuso hacer una 'salida de mujeres'. Pero, ¡claro!, como ella siempre tiene planificado todo, quería ir a un recital de Babasónicos para el que le habían regalado una entrada. A mí también me gusta esa banda, pero esta vez estaba decidida a no dejar que ella me manejara. Le dije que me habían recomendado una película y que yo quería ir a verla. No me dejé convencer ni con el argumento de que ya tenía una entrada y que repartiríamos el costo de la otra. Finalmente accedió… ¡No lo podía creer! Le había ganado el primer round. Fuimos al cine y a pesar mío, tengo que reconocer que la película era un bodrio.[49] Al rato Patricia me propuso irnos, diciendo que todavía podíamos llegar al recital, pero yo me mantuve firme en que quería ver la película. Pasó un rato más y me dijo que no tenía ganas de seguir perdiendo el tiempo… ¡Y se fue! Yo me quedé hasta el final y después me tomé un taxi porque llovía. Al día siguiente me enteré de que Patricia finalmente había ido al recital y que allí se había encontrado con sus amigos Paula y Nicolás y que después habían ido a seguirla en casa de Paula. No puedo negar que me dio un poco de rabia… Ella lo había pasado mejor que yo, pero igual estaba contenta **yo había logrado defender lo que quería hacer**".

49. Argentinismo que define algo aburrido.

Lamentablemente, Carolina sólo consiguió malograr su propia diversión. Cada circunstancia en la que permaneció aferrada de manera **inamovible** a su propuesta inicial, sólo logró consolidar su permanencia en el displacer.

Su impresión subjetiva era la de estar poniendo límites, pero, en realidad, se trataba de una simple actitud oposicionista, con la que únicamente consolidaba el rol de autoridad que ella le otorgaba a Patricia.[50]

Cuando una persona queda atrapada en un circuito de inexistentes alternativas, está desplegando un proceso en el cual siente que cada actitud obstinada la acerca más al objetivo propuesto. Queda entonces inmersa en una secuencia que proseguirá de forma incesante hasta que resuelva interrumpirla. Y como en este caso, Carolina estaba convencida de que su accionar respondía a la puesta de límites, era poco esperable que interrumpiera este proceso por decisión propia.

Persistir de manera obstinada en una actitud que incluso pueda ser displacentera, exige un enorme gasto de energía psíquica empleada para alcanzar un objetivo… equivocado.

Dos amigos

Juanca y Héctor eran amigos desde que habían compartido el servicio militar, al decir de ellos: "Lo mejor que nos dejó la colimba".[51]

---

50. Los rasgos esenciales del trastorno oposicionista incluyen desobediencia, negativismo y oposición provocadora a figuras de autoridad.
51. Antiguamente existía en la Argentina el servicio militar obligatorio, al que coloquialmente se denominaba "colimba".

Ambos intentaron compartir, desde el momento de volver a la vida civil, sueños, aventuras e incluso algunos proyectos laborales juntos.

Pensaron, como tantos jóvenes de aquella época, que un taxi podría permitirles alternar turnos de trabajo y estudios. Ambos se anotaron en la facultad de Ciencias Económicas pero, a su pesar, en distintos turnos para optimizar así el trabajo con el taxi.

A mitad del primer cuatrimestre, Juanca manifestó la dificultad que se le presentaba para ajustar los horarios de la facultad con los del trabajo con el taxi. Héctor se ofreció para cubrir dos horas del turno que le correspondía a Juanca, ofrecimiento que fue aceptado rápidamente. El problema parecía superado, por lo menos así lo creyó Héctor, pero cuando cursaban el segundo cuatrimestre, Juanca decidió que era mucho para él y dejó la facultad. Héctor trató de convencerlo de que era un error, que insistiera, pero fue inútil. "Vos vivís más cerca, además tus viejos están en mejor condición económica, yo tengo que ayudar en casa". Sin embargo, a pesar de los justificativos que había esgrimido en su momento, nunca volvió a hacerse cargo de las dos horas en que Héctor lo suplía en el taxi. Éste no dijo nada.

Mientras pasaba el tiempo y Héctor iba aprobando materias y trabajando con el auto, Juanca se hizo experto en excusas: "Hoy no pude salir porque mi vieja no se sentía bien". "Mi viejo me pidió que lo ayudara en el taller", etc.

El fin de la sociedad con el taxi se produjo el día en que Héctor fue a buscar el auto y Juanca manifestó que no había salido a trabajar porque se había peleado con su madre. Héctor miró el cuenta kilómetros y observó: "Pero ¿adónde fuiste?... Hiciste como setenta kilómetros y además el auto está sucio". Juanca decidió dar por terminada la sociedad y la amistad, al sentirse muy "mortificado" por lo que él dio en llamar "la injusta desconfianza" de Héctor. A éste le llevó tiempo y mucho esfuerzo acortar la distancia que se había producido entre ambos, jurándose al mismo tiempo aprender a ser más cuidadoso en sus expresiones.

Con pocos meses de diferencia, ambos conocieron a quienes serían sus novias y futuras esposas. Juanca conoció a su mujer en un viaje que realizó ya que en ese momento era remisero y Héctor, en la facultad.

Salieron juntos en varias oportunidades, pero viendo que las chicas no tenían nada en común, resolvieron seguir encontrándose ellos solos.

Si bien las salidas se hicieron más esporádicas, se reunían para jugar o ir a la cancha, y también, por insistencia de Juanca, para pensar en algunos otros negocios para realizar juntos.

Héctor ya se había recibido y tenía sus primeros clientes privados, pero igual accedió cuando Juanca entusiasmado propuso un reparto de quesos, que según él era "una papa"[52] y con el que se ganaba "buena guita".

Al principio todo marchó como lo tenían previsto; ambos trabajaban en tiempos iguales y realmente el reparto, si bien no era para hacerse ricos, redituaba lo esperable. Durante algunos meses se repartieron las ganancias, pero después Juanca comenzó a pedirle a Héctor quedarse con más dinero ya que: "Como es el único trabajo que tengo no me alcanza… Entendeme… Vos tenés tus clientes, pero yo…". Héctor empezó a tener algunas discusiones por este tema con Susana, su esposa, que no comprendía cómo él aceptaba sin discutir todas las demandas que Juanca

---

52. Expresión que en este caso quiere decir: negocio muy conveniente.

realizaba. Héctor se justificaba siempre diciendo: "Vos no enten-
dés, vos tenés hermanos, Juanca es el hermano que me dio la
vida. (…) Él nunca tuvo las oportunidades que tuve yo. (…) No es
que se aproveche, es que me tiene confianza, por eso me pide.
(…) A él le cuesta pedir, yo me doy cuenta, tiene dignidad, pero
¡qué querés que haga!… Si no puede contar conmigo ¿con quién
va a contar?".

Cuando el trabajo, por esos vaivenes de la economía, dejó de ser
redituable, los amigos decidieron cambiar de rubro. Con el dinero
de la venta de la camioneta que usaban para el reparto de quesos
más los ahorros que Héctor tenía, decidieron poner unas canchas
de tenis.

La inauguración coincidió con la noticia de que Juanca sería padre
por primera vez. Héctor no cabía en sí de contento, no sólo por la
noticia sino porque Juanca le pidió que fuera el padrino de su futu-
ro hijo. "Ves, Susana, dejá de ver visiones… Vos no lo conocés bien,
yo también soy muy importante para él. (…) ¿Vos te creés que ser
padrino de un hijo se le pide a cualquiera?".

Se construyeron las canchas y comenzaron a trabajar. Juanca
convenció a Héctor de la importancia de que mientras uno mane-
jara la parte de turnos y recepción de los clientes, el otro jugara
con algún conocido para que pareciera que las canchas estaban
siempre ocupadas. Naturalmente, el que mejor jugaba era Juan-
ca, por lo tanto se descontaba que sería él quien jugaría con los
clientes.

Mientras tanto, entre Susana y Héctor se producían cada vez más
discusiones, ya que ella se veía recargada laboralmente al tener
que ocuparse de los clientes de Héctor aparte de los propios. "Que

deje de jugar tanto con la pelotita y se ocupe un poco él de las canchas… No solamente de usarlas. (…) Yo estoy harta, no puedo ocuparme de todo… Parece que estuvieras casado con él y no conmigo".

Mientras tanto, Juanca seguía jugando con los clientes y preferentemente con las clientas. Esta situación sí molestó a Héctor que así se lo señaló pero…: "Qué querés que haga, a las minas les gusta que les den bola… Y a mí me gustan las minas, ¿a vos no?… Además con el barril que tengo en casa…, ya está de siete meses… No te inspira, viejo, no te inspira". A Héctor le molestó el comentario, pero, naturalmente, se cuidó de demostrarlo, no fuera a ser que Juanca se enojara o, lo que era peor, que pensara que no le gustaban las mujeres. Y, desde luego, evitó también comentarle esta conversación a Susana… ¡Ella era tan malpensada!

Con el nacimiento de Leonardo, el hijo de Juanca, la situación se agudizó. Juanca manifestaba cada vez más necesidades y Héctor no podía dejar de satisfacerlas. Tiempo, dinero y hasta que lo cubriera en las aventuras que comenzó a tener con más frecuencia. Para su esposa y las personas que los conocían, resultaba absurda la relación que ambos sostenían. El que tenía todas las condiciones para sentirse un exitoso era el que se sometía a las pretensiones, muchas veces caprichosas, de quien podría haber sido tomado socialmente como un perdedor.

Cuesta entender que la **sumisión** sea el resultado de una autovaloración distorsionada que actúa impidiendo el reconocimiento y correcta evaluación de los factores internos y recursos propios. La sumisión puede comprenderse mejor en el caso del uso de la fuerza o del poder, como cuando alguien es tomado como rehén y tiene que manifestarse de acuerdo con alguna idea política. Aquí la persona involucrada es consciente de su situación de dependencia y hasta puede sentir que corre riesgo su vida.

Por esto es importante recordar que la verdadera manipulación consiste en utilizar medios indirectos y sutiles para lograr que la otra persona por "iniciativa propia" haga lo que el manipulador desea.

Por alguna razón, Héctor admiraba la pretendida seguridad que Juanca manifestaba ante él. Sentía un profundo orgullo por haber sido elegido como su amigo. No importaba qué ni cuántas cosas debiera hacer para demostrarle y, sobre todo, demostrarse que era digno de ser elegido.

Juanca había logrado detectar, desde siempre, la tecla que debía apretar para conseguir que Héctor se sometiera a sus pretensiones. Sabía que éste no soportaba la sola idea de perder su amistad y él se había encargado muy bien de señalar, al principio de su sociedad con el taxi, que cualquier cuestionamiento que se le hiciera podía resultar en un alejamiento. La manipulación es, entonces, el único medio del que disponen quienes sienten que no pueden satisfacer por sí mismos sus anhelos.

Bibliografía

Aguilar, José Manuel, *S.A.P. Síndrome de alienación parental. Hijos manipulados por un cónyuge para odiar a otro*, Almuzara, Córdoba, 2007.

Berger y Luckman, *La construcción social de la realidad*, Amorrortu editores, Buenos Aires, 1989.

Chiale, Graciela y Husmann, Gloria, *La trampa de los manipuladores*, Del Nuevo Extremo, Buenos Aires, 2008.

Eibl-Eibesfeldt, Irenâus, *Biología del comportamiento humano. Manual de etología humana*, Alianza, Madrid, 1993.

Evans, Patricia, *El abuso verbal. La violencia negada*, Javier Vergara, Buenos Aires, 2000.

Goleman, Daniel, *La inteligencia emocional*, Kairós, Barcelona, 1996.

Gutman, Laura, *Crianza. Violencias invisibles y adicciones*, Del Nuevo Extremo, Buenos Aires, 2006.

Kernberg, Otto, *Desórdenes fronterizos y narcisismo patológico*, Paidós, Buenos Aires, 1979.

Krishnamurti, Jiddu, *Comentarios sobre el vivir*, Kairós, Barcelona, 2006.

Marietán, Hugo, *El psicópata y su complementario*, Ananké, Buenos Aires, 2008.

Milgram, Stanley, *Obediencia a la autoridad*, Desclée de Brouwer, Bilbao, 1984.

Miller, Alice, *El cuerpo nunca miente*, Tusquets, Buenos Aires, 2006.

—— *Por su propio bien*, Farrar, Straus & Giroux, Nueva York, 1983.

Nazare-Aga, Isabelle, *Les manipulateurs sont parmi nous*, Les Éditions de l'Homme, París, 1997.

Paul, Jordan y Paul, Margaret, *Do I Have to Give Up Me to Be Loved by You?*, Compcare Publishers, Irvine, 1983.

Sarramone, Alberto, *Envidia entre nosotros*, Biblos Azul, Buenos Aires, 1996.

Sibilia, Paula, *La intimidad como espectáculo*, Fondo de Cultura Económica, Buenos Aires, 2008.

Pinkola Estés, Clarissa, *Mujeres que corren con los lobos*, Plaza Edición, Barcelona, 2004.

Weber, Max, *Economía y sociedad*, Fondo de Cultura Económica, México, 1944.